Simone Billeci

Gratia supponit naturam: il contributo di Michael Johannes Marmann

Simone Billeci

Gratia supponit naturam: il contributo di Michael Johannes Marmann

La riflessione teologica di Tertulliano

Edizioni Sant'Antonio

Imprint

Cover image: Fornito dall'autore

Publisher:
Edizioni Accademiche Italiane
is a trademark of
International Book Market Service Ltd., member of OmniScriptum Publishing Group
17 Meldrum Street, Beau Bassin 71504, Mauritius
Printed at: see last page
ISBN: 978-613-8-39083-1

In copertina:
Cacciata di Adamo ed Eva dal giardino di Eden,
Basilica-Cattedrale di Monreale, mosaico, XII sec.

Indice dei contenuti

Introduzione

La vivacità del dibattito moderno inerente alla comprensione del rapporto tra ordine naturale e soprannaturale, che Henri de Lubac (1896-1991) riuscì a provocare nell'ampio panorama teologico del XX secolo con la pubblicazione dell'opera *Surnaturel*[1], ha interessato in questi anni la nostra indagine, condotta mediante lo studio del pensiero teologico di Joseph Ratzinger (1927).[2]

Sfogliando, in particolare, alcune delle principali pagine delle opere ratzingeriane[3], prese in esame per la nostra ricerca, veniamo a conoscenza del lavoro inedito di Michael Johannes Marmann (1937).[4] È lo stesso Ratzinger ad indicarne la consultazione e ad apprezzarne, seppur a distanza di anni, i risultati ottenuti.[5] Si tratta, in sostanza, di una tesi dottorale, di cui Marmann fu l'autore e Ratzinger il relatore, negli anni di docenza trascorsi presso l'Università di Regensburg. Il teologo bavarese chiama in causa la tesi di Marmann non soltanto per indicare ai lettori i risultati ottenuti dal proprio allievo, circa l'origine e l'evoluzione storico-concettuale dell'assioma *gratia praesupponit naturam* (indagine condotta a partire dallo studio dei Padri Apostolici sino a Tommaso d'Aquino), quanto piuttosto per insistere sul valore che l'assioma assume all'interno della riflessione teologica per la comprensione del rapporto tra i due *ordines.*

Disponibile nella sua stesura originale in lingua tedesca, intendiamo rendere noto tale inedito offrendone i risultati relativi alla teologia di Tertulliano.

---

[1] H. de Lubac, *Surnaturel. Études historiques*, Aubier-Montaigne, Paris 1946.

[2] Per un maggiore approfondimento sul tema mi permetto di rimandare alla mia tesi dottorale, discussa lo scorso 9 Maggio 2018 presso la Facoltà di Teologia della Pontificia Università della Santa Croce di Roma, dal titolo "*Gratia praesupponit naturam* nella teologia di Joseph Ratzinger".

[3] Cf. J. Ratzinger, *Dogma e predicazione*, Queriniana, Brescia 1974 (orig. ted. *Dogma und Verkündigung*, München 1973), 137-154; Id. *In principio Dio creò il cielo e la terra. Riflessioni sulla creazione e il peccato*, Lindau, Torino 2006, 109-136.

[4] M. J. Marmann, *Praeambula ad gratiam. Ideengeschichtliche Untersuchung über die Entstehung des Axioms gratia praesupponit naturam* (PhD diss., University of Regensburg, 1974).

[5] «In questo contesto io posso rimandare alla completa dissertazione del mio discepolo M. Marmann, *Gratia praesupponit naturam.* In essa viene elaborata in forma stringente, nella contrapposizione tra Agostino e Tommaso, l'indispensabile contributo di san Tommaso a questa questione» (J. Ratzinger, *Dogma e predicazione*, 137); «L'autore evidenzia l'indispensabilità e il vero significato della distinzione fra natura e soprannaturale e, di conseguenza, il contributo irrinunciabile fornito da san Tommaso d'Aquino alla teologia» (J. Ratzinger – Benedetto XVI, *In principio Dio creò il cielo e la terra*, 136).

1. Tertulliano

1.1. Il passo da Ireneo a Tertulliano

1.1.1. L'importanza dell'opera

Quanto sia necessario per una corretta comprensione che la frase *gratia (non destruit, sed) praesupponit (et perficit) naturam* venga analizzata nella teologia partendo da uno scenario che includa l'intero piano divino, in quanto storia della salvezza e una visione completa del mondo, è quanto Marmann fa emergere sin dalle prime pagine della sua indagine. Ireneo, tramite Policarpo, ben radicato nella tradizione apostolica, concepì la sua teologia contemplando l'orizzonte della Rivelazione genuinamente biblica; qualsiasi adeguamento al relativo opponente (gnostico) avvenne soltanto, e tuttalpiù, a livello terminologico, in quanto doveva aiutare ad articolare la visione del mondo e dell'uomo sotto il profilo della storia della salvezza: un'impresa che si prestò nella controversia con gli eretici cristiani (a differenza della maggior parte degli altri apologeti), ed anche legittima (vedi la distinzione tra *imago* e *similitudo*). In tal modo Ireneo, saldamente radicato nel *kerygma* apostolico, era immune da ogni influenza ideologica da parte di un altro modo di pensare e di vivere.[6]

Diversamente invece per Tertulliano, che da pagano conobbe a Roma le scuole della filosofia contemporanea. A segnarlo profondamente, e fin dentro le più sottili ramificazioni della sua teologia, fu la saggezza filosofica (dunque non cristiana), soprattutto quella della Stoà. Ciononostante, egli riuscì – probabilmente anche grazie al fatto che tra la visione del mondo proposta dalla Stoà e la fede cristiana vi fosse una certa affinità – a far propria la tradizione apostolica e proto cristiana relativa a Ireneo, fino al punto da essere capace non solo di diffondere ciò che è

[6] «Die bisherige Darstellung hat eine gewichtige Tatsache sehr klar zum Vorschein gebracht: wie notwendig für das richtige Verständnis ist, daß *gratia (non destruit, sed) praesupponit (et perficit) naturam* innerhalb der Theologie vor einem Hintergrund und von ihm her gedacht wird, der die gesamte göttliche Planung als Heilsgeschichte und die volle Weltsicht miteinbezieht. Eirenaios, über Polykarp in apostolischer Tradition verwurzelt, entwarf seine Theologie aus dem Horizont genuin biblischer Verkündigung; alle Angleichungen an den jeweiligen (gnostischen) Widerpart waren nur und höchstens terminologischer Art, die aber helfen sollte, das heilsgeschichtliche Welt– und Menschenbild zu artikulieren; – ein Unterfangen, das sich in der Auseinandersetzung mit christlichen Häretikern (im Gegensatz zum Beispiel zu den meisten Apologeten) anbot und legitim ist, vgl. die Unterscheidung *imago – similitudo*. So war Eirenaios durch die solide Fundierung im apostolischen Kerygma gefeit gegen alle ideologischen Einflüsse anderer Geistes – und Lebensart» (M. J. MARMANN, *Praeambula ad gratiam*, 49-50).

genuinamente cristiano nell'area linguistica latina, ma anche di apportare il proprio notevole contributo (benché zavorrato da numerose premesse e preconcetti filosofici poco adatti al vangelo) alla *theologia perennis*. Ciò non toglie che Tertulliano possa anche essere considerato l'anti-filosofo (non cattolico) avverso ad ammettere alcun nesso tra Gerusalemme ed Atene. È soprattutto la teologia biblica paolina, orientata verso la storia della salvezza, a colpire il maestro di Cartagine. Tuttavia, nella sua *opera omnia*, una sintesi "cattolica" per l'area latina – come la elaborò Ireneo per quella greca – è solo appena abbozzata. Per Marmann, oltre a fornire una gran quantità di spunti di riflessione, l'opera di Tertulliano è importante sotto un triplice profilo, i cui effetti si protraggono fin dentro la formulazione definitiva.[7]

Secondo Marmann siamo di fronte ad un triplice inizio:

1. Tertulliano è il primo teologo di spessore e carisma ad aprire le porte nell'area latino-romana alla tradizione teologica proveniente dal territorio ellenistico e proto cristiano. A lui e alla sua funzione, osserva Marmann, si applicherebbe a ragione quanto scrive Joseph Ratzinger, quando afferma che resta in ogni caso l'inseparabilità fra parola e risposta, e vale il fatto che non possiamo leggere ed ascoltare la parola prescindendo dalla risposta che prima l'ha recepita ed è divenuta costitutiva della sua permanenza. Perfino dove questa risposta viene criticata e rifiutata, rappresenta ancora l'orizzonte per la comprensione della parola. Il ché forse è proprio più comprensibile se si riflette sui limiti della risposta avvenuta. Per Marmann, questo pensiero vale per Tertulliano – benché non in maniera tanto dogmatica e formale quanto si può applicarlo alla risposta

[7] «Anders Tertullian, der als Heide in Rom die Schulen zeitgenössischer Philosophie kennenlernte. Was ihn – bis in die letzten Entfaltungen seiner Theologie – prägte und bestimmte, war philosophische (also nicht–christliche) Lebensweisheit, besonders der Stoa. Dennoch gelang es ihm – wohl auch auf Grund einer gewissen Nähe stoischer Weltanschauung zum christlichen Schöpfungsglauben –, die apostolische und frühchristliche Tradition über Eirenaios sich so anzueignen, daß er es werden konnte, der nicht nur weitgehend das genuin Christliche in den lateinischen Sprachraum vermittelte sondern auch den eigenen großen Beitrag, wenn auch belastet mit verborgenen philosophischen Voraussetzungen und Voreinstellungen, die dem Evangelium nicht adaequat sind, in die *theologia perennis* einzubringen, was nicht hindert, in ihm den (nicht–katholischen) Anti–Philosophen zu sehen, der keinen Konnex zwischen Jerusalem und Athen gelten läßt. Zumal auch der an der Heilsgeschichte orientierte Grundriß biblischer, vorab paulinischer Theologie ergreift den vielbeeinflußten Lehrer aus Karthago, läßt aber in seinem Gesamtwerk (auch wegen der ungetauften Reste einer stoischen Religiosität?) eine "katholische" Gesamtschau, wie im Werk des Eirenaios für den griechischen Raum, für den lateinischen nur erst erahnen. Neben der Vielzahl neuer Einsichten und Denkanstöße ist das Werk Tertullians speziell für unseren geschichtlichen Aufriß in einem dreifachen Horizont von Bedeutung, der bis in die endgültige Formulierung hinein wirkte:» (*Ib.*, 50).

dei Padri –, dimostrandosi per analogia molto significativo per la teologia occidentale. In qualche modo, il destino di *Adversus Haereses* segnava già questo transito; dopotutto, la *"Summula"* di Ireneo è scritta in greco e manifesta quindi il proprio contesto storico-teologico già dal punto di vista linguistico, ma è tramandata quasi esclusivamente in lingua latina, rimandando dunque ad un pubblico che appartiene all'area occidentale, così come del resto anche il luogo in cui nacque lo scritto.[8]

2. È sul piano linguistico che si colloca pure l'altro accento apportato da Tertulliano alla storia della teologia: egli trova i termini decisivi che d'ora in avanti saranno impiegati nella dottrina sacra. Tra essi vi è anche il concetto di *natura*, della cui determinazione contenutistica Tertulliano è il primo responsabile per importanza. Egli, infatti, crea la terminologia (i concetti di *substantia, natura, persona, meritum, sacramentum*) per la teologia occidentale latina, soprattutto per la cristologia e la dottrina della Trinità, dimostrandosi fondatore di alcuni dei pensieri classici ad essa pertinenti. Ad esempio, quello riguardante la *traditio* nel *Libro delle Prescrizioni* e quello sull'*anima naturaliter christiana* contenuto nello scritto intitolato *La testimonianza dell'anima*. Secondo Marmann, già per questo motivo, qualsiasi analisi vertente sull'assioma deve occuparsi di Tertulliano.[9]

---

[8] «Es ist ein dreifacher Beginn: 1. Tertullian ist der erste Theologe von Format und Ausstrahlung, durch den die theologische Tradition des hellenistisch–urchristlichen Territoriums im lateinisch–römischen Raum Einlaß findet und Fuß faßt. Auf ihn und seine Funktion läßt sich sinngemäß anwenden, was J. Ratzinger in seinem Artikel "Die Bedeutung der Väter für die gegenwärtige Theologie" im Hinblick auf das Wort der Offenbarung und die Antwort der Väter überhaupt schreibt, es "gilt die Untrennbarkeit von Wort und Antwort; gilt, daß wir das Wort nicht lesen und hören können an der Antwort vorbei, die es zuerst empfangen hat und die für sein Bestehen mit konstitutiv wurde. Selbst wo diese Antwort kritisiert oder abgelehnt wird, bildet sie noch den Horizont für das Verstehen dieses Wortes. Das wird vielleicht gerade dann am meisten deutlich, wenn man die Grenze der geschehenen Antwort bedenkt.". Nicht so dogmatisch–fundamental wie für die Antwort der Väter überhaupt aber doch analog dazu in großer Bedeutsamkeit für die westliche Theologie gilt dies für Tertullian. – Das Schicksal von *Adversus haereses* war schon so etwas wie ein Auftakt zu diesem Transitus; die "Summula" des Eirenaios ist ja griechisch geschrieben, manifestiert also schon sprachlich ihren theologiegeschichtlichen Zusammenhang, aber sie ist fast nur in lateinischer Sprache überliefert und verweist so von selbst auf eine Leserschaft, die dem westlich–occidentalen Bereich zugehört, wie ja auch der Ort, wo sie entstand, schon darin gelegen ist» (*Ib.*, 50-51).

[9] «2. Ebenfalls auf der Ebene des Sprachlichen angesiedelt ist der andere Akzent, den Tertullian in der Theologiegeschichte setzt, ja setzen muß: es werden entscheidende Termini gefunden, mit denen fortan die *sacra doctrina* operiert. Unter anderem gehört dazu der Begriff *natura*, für dessen Inhaltsbestimmung unser Autor die erste, eine gewichtige, Verantwortung hat. "Er schafft ihr (der abendländisch lateinischen Theologie) – vor allem für die Christologie und Trinitätslehre – die Terminologie (die Begriffe *substantia*, *natura*, *persona*, *meritum*, *sacramentum* u. a.), und begründet eine Anzahl ihrer klassischen Gedankengänge: so den über die *traditio* in den Praescriptionen und den über die *anima naturaliter christiana* in der Schrift über das "Zeugnis der Seele". Schon deshalb muß eine Untersuchung über das lateinisch formulierte Prinzip sich mit Tertullian befassen» (*Ib.*, 51).

3. A questo ragionamento è legato il terzo punto di partenza che segna il passo in avanti, o meglio il cambiamento decisivo. Tertulliano, che è esperto per quanto riguarda la saggezza filosofica dell'epoca, non solo è il primo dei Dottori della Chiesa che si susseguono nell'occidente latino, ma con lui ha inizio anche l'incontro pieno di tensioni tra filosofia e teologia. In Ireneo non avvertiamo ancora alcun sentore di ciò. In seguito è piuttosto Clemente di Alessandria a occuparsene, anche se in lui il pensiero greco platonico, per la sua vicinanza (prestabilita) al linguaggio e al modo di pensare della Bibbia, si sposa piuttosto alla teologia; ed è proprio grazie a quella consonanza delle apparenze che nascono le difficoltà all'interno della riflessione cristiana sulla fede. Sebbene il maestro di Cartagine riprenda e accetti quasi interamente la concezione di Ireneo (in particolare la dottrina dell'*oikonomia* che traduce con il termine *dispositio*), la sua provenienza intellettuale radicata nella riflessione filosofica fa sì che l'approccio, la direzione e il movimento intellettuale ne rimangano determinati, e di conseguenza che certe idee e certi contenuti estranei possano conservarsi all'interno della sua argomentazione cristiana. Difatti, la filosofia di Tertulliano è (in riferimento alla Rivelazione) "estranea", perché è pura filosofia di immanenza, incentrata in tutto e per tutto sull'uomo. Nella filosofia intesa come "sapere relativo alle cose divine e umane", afferma Josef Rief, spetta alla fisica – che diventa teologia attraverso l'equiparazione del principio attivo con la divinità – il compito di far comprendere all'uomo, che si distingue per il *logos* (lingua) e nell'insieme si colloca al centro, la propria particolarità (οἰκείωσις), per presentargli base e norma per il suo comportamento morale. Vicinanza e distanza della Stoà (del tutto diverse rispetto a quelle del platonismo) alla fede e al costume dei cristiani possono facilmente diventare fatali per il teologo che cerchi – in maniera cosciente o incosciente – di unire le due. Per Marmann, in ogni caso, non sarà esagerato sostenere che, tuttavia, nell'opera di Tertulliano, davvero epocale, molti sono i contenuti e concetti, tra cui non per ultimo quello di *natura*, i quali grazie alla tanto pericolosa quanto necessaria coincidenza del pensiero stoico filosofico con quello riguardante la fede cristiana, difettano della pur indispensabile chiarezza e dovranno pertanto essere ripuliti nel corso di un lungo processo

di re-interpretazione: un processo che arriverà alla sua conclusione preliminare soltanto nel periodo dell'Alta Scolastica.[10]

1.1.2. Particolarità della personalità

Il "primo importante autore della Chiesa di lingua latina", così come lo definisce Bernhard Kötting, nacque nel 160 a Cartagine. Per tutta la vita scrisse in opposizione ai suoi vari avversari, illustrando il modo di vita dei cristiani ed esprimendosi sulla verità della loro dottrina. Ciò lo avvicina, in un certo qual modo, al vescovo di Lione, quasi suo contemporaneo, che aveva conosciuto e apprezzato in quanto "instancabile studioso di tutte le dottrine"; tant'è vero che la sua opera più importante *Adversus Haereses* è rivolta alla stessa maniera delle *Praescriptiones* di Tertulliano contro gli eretici.[11]

Per il vescovo della chiesa di Lione l'eresia degli gnostici era l'occasione per riflettere a fondo sulla totalità del messaggio del

[10] «3. Damit geht zusammen der dritte Beginn, der entscheidende Fortschritt, beziehungsweise Wandel, in unserem Zusammenhang: mit Tertullian, der in der damaligen philosophischen (Welt–) Weisheit bewandert ist, beginnt für den lateinischen Westen nicht nur die Reihe der Kirchenlehrer überhaupt, sondern damit auch gleich die spannungsreiche Begegnung von Philosophie und Theologie; bei Eirenaios ist davon sozusagen noch nichts zu spüren, – eher erst bei Klemens von Alexandrien, wobei aber das griechisch–platonische Denken durch seine (prästabilierte) Nähe zu Sprache und Denkart der Bibel sich eher mit der Theologie vermählt, sodaß gerade von dieser Gleichgewandung her sich die spezifischen Schwierigkeiten in der christlichen Glaubensreflexion ergeben. Wenn der Lehrer aus Karthago auch die Konzeption eines Eirenaios fast ungeschmälert übernimmt und annimmt (besonders die *oikonomia*–Lehre, die bei ihm mit dem Begriff *dispositio* übersetzt ist), wirkt doch seine geistige Herkunft aus dem philosophischen Denken sich derart als Verankerung aus, daß durchweg Denkansatz, –richtung und –bewegung davon bestimmt bleiben und somit unter Umständen fremde Gehalte und Vorstellungen im christlichen Argumentieren sich durchhalten. Tertullians Philosophie ist ja eine (Offenbarungs–) "fremde" –, weil eine reine Immanenzphilosophie, die ganz auf den Menschen hin konzentriert ist. "In der als "Wissen um die göttlichen und die menschlichen Dinge" verstandenen Philosophie hat die Physik, die durch die Gleichsetzung des tätigen Prinzips mit der Gottheit zur Theologie wird, die Funktion, den durch den *Logos* (Sprache) ausgezeichneten und innerhalb des Ganzen im Brennpunkt stehenden Menschen seine Eigenart (οἰκείωσις) begreifen zu lassen und ihm damit die Grundlage und Norm für sein sittliches Verhalten darzubieten.". Nähe und Ferne der Stoa (– eine ganz andere Nähe und Ferne als des Platonismus!) zu Glauben und Sitte der Christen können dem Theologen, der beides – unbewußt–bewußt – zu vereinigen trachtet, leicht zum Verhängnis werden. Jedenfalls ist es wohl kaum übertrieben, von Tertullian zu behaupten, daß in seinem, wahrhaft eopche–machenden, Werk viele Inhalte und Begriffe, nicht zuletzt *natura*, auf Grund der ebenso gefährlichen wie notwendigen Koinzidenz von stoisch–philosophischem Geistesgut und christlichem Glaubensverständnis der erforderlichen Eindeutigkeit entbehren und in einem langen Prozeß des Neubedenkens und der Interpretation gereinigt werder müssen, – ein Prozeß, der erst in der Hochscholastik zu einem vorläufigen Abschluß kommt» (*Ib.*, 51-52).

[11] «Der im Jahre 160 geborene "erste bedeutende lateinische Kirchenschriftsteller" aus Karthago schrieb in ständiger Auseinandersetzung mit einer vielfältigen Gegnerschaft, betreffend die Lebensart der Christen ebenso wie die Wahrheit ihrer Lehre. Darin hat er gewisse Ähnlichkeit mit dem Bischof von Lyon, fast seinem Zeitgenossen, den er gekannt und als "unermüdlichen Erforscher aller Lehrsysteme" geschätzt hat; – dessen Hauptwerk "Entlarvung und Widerlegung der sogenannten Gnosis" ebenso wie zum Beispiel die *Praescriptiones* Tertullians *Adversus haereses* gerichtet ist» (*Ib.*, 52).

Cristianesimo, per esporla e per possibilmente convincere i settari, piuttosto che confutarli. Tertulliano, che – probabilmente a torto, ma non senza motivo – fu bollato loro avvocato, preferisce scegliere una singola verità *de fide et moribus* e si oppone a vari ambiti, o meglio alle loro eresie, insistendo di volta in volta solo sull'antitesi di ogni eresia. Così, di Tertulliano, sono stati tramandati numerosi scritti singoli vertenti su tematiche molto variegate, ma non una concezione dogmatica d'insieme del messaggio cristiano paragonabile a quella di Ireneo.[12]

Per Marmann, già dall'inizio si deve quindi supporre che un assioma, documentato principalmente nel contesto di tutte le affermazioni della dottrina cristiana che si condizionano e si completano a vicenda, in Tertulliano non possa manifestarsi nello stesso senso e nella stessa misura. Il suo merito sta non tanto nella consonanza di tutte le verità, quanto nell'aver stabilito e formulato singoli contenuti, un procedimento utile alla riflessione sulla fede, soprattutto perché così furono scoperti e introdotti nuovi termini. Sotto questo punto di vista, la vita di Tertulliano e l'esercizio della professione a contatto diretto con la spiritualità romana costituivano un ottimo punto di partenza. Allo stesso modo e specialmente per la tematica qui trattata, si rivelò molto utile la dettagliata conoscenza di molti autori filosofici, le cui opere contribuirono notevolmente a definire quella di Tertulliano, per quanto riguarda contenuto e dizione.[13]

Tertulliano aveva già superato i trent'anni quando si convertì al Cristianesimo e si mise al servizio della Chiesa. Ma poco più di dieci anni dopo se ne allontanò (dalla Chiesa intesa come comunità unitaria) senza mai aver rivestito una carica all'interno della gerarchia ecclesiastica. Tale

---

[12] «Für den Bischof der Kirche von Lyon war die Häresie der Gnostiker Anlaß zu dem Versuch, die Totalität der Botschaft des Christentums durchzudenken und darzulegen, und auf diese Weise die Sektierer womöglich mehr zu überzeugen als zu widerlegen. Der wohl zu Unrecht aber nicht grundlos zum Advokaten gestempelte Tertullian greift mit Vorliebe eine einzelne Wahrheit *de fide et moribus* heraus, richtet sich gegen wechselnd verschiedene Kreise, beziehungsweise ihre Irrlehren, dabei nur insistierend auf der Antithese zur jeweiligen Häresie. So sind von ihm viele Einzelschriften in mannigfaltiger Thematik überliefert, nicht aber, Eirenaios vergleichbar, eine dogmatische Gesamtkonzeption der christlichen Botschaft» (*Ib.*, 52).

[13] «Von vornherein ist demnach anzunehmen, daß ein Axiom, welches – wie bereits in etwa ersichtlich wurde – vornehmlich im Kontext aller einander bedingenden und ergänzenden Aussagen christlicher Lehre sich dokumentiert, bei diesem Gelehrten nicht im gleichen Sinn und im gleichen Maß offenbar werden kann. Sein Verdienst liegt nicht so sehr auf der Ebene der Konsonanz aller Wahrheiten, sondern auf der Fixierung und Formulierung einzelner Inhalte, die der Glaubensreflexion hauptsächlich durch die Entdeckung und Einführung neuer *termini* zugute kam. Leben und Berufsausübung im unmittelbaren Kontakt mit römischer Geistikeit war dazu eine passende Vorschule. Ebenso dienlich, zumal für die hier zu bedenkende Thematik der Anthropologie, war die umfassende Kenntnis vieler philosophischer Autoren, deren Werke das eigene in Inhalt und Diktion mitbestimmen» (*Ib.*, 52).

notizia biografica, osserva Marmann, corrisponde all'immagine del teologo dinamico tendente all'estremo, come fa notare Kötting, quando afferma che Tertulliano era spinto alla rottura con la Chiesa dalla propria natura aspra, tendente all'estremo e al rigorismo, che probabilmente non si sarebbe facilmente integrata in alcuna comunità. Per Marmann, tutte queste osservazioni non sminuiscono affatto l'importanza né il merito di questo *Doctor*, ma – considerato il fatto che la personalità del teologo è incarnata anche nella sua teologia – servono a caratterizzare colui che rivestì un ruolo di mediatore così importante, che creò le prime premesse per la formulazione del nostro assioma "cattolico". Così, parafrasando Ratzinger, Marmann osserva che la sua immagine è incerta come quella di pochi nella storia. In lui, infatti, o meglio nella sua opera, traspare quella conflittualità con cui Tertulliano si presenta anche sotto il profilo storico. È importante quindi notare che tale conflittualità contraddistingue la sua opera sin dall'inizio.[14]

1.2. Il contributo di Tertulliano alla storia dell'assioma

1.2.1. L'uomo: immagine di Dio

Per Marmann, nell'ambito della sua antropologia teologica, la distinzione tra *imago* e *similitudo* – la quale è certamente vicina alle origini del *gratia praesupponit naturam* – fa parte della dottrina di Tertulliano. In questo egli dipende interamente da Ireneo e come lui mette in connessione, come afferma Bernhard Stoeckle, la similitudine con il possesso dello spirito. Infatti, come in Ireneo il "respiro della vita" (*Adversus Haereses*, 5,12,2 – *Adversus Marcionem*, II,9) costituisce "l'immagine", Tertulliano constata la loro identità richiamandosi agli stessi passaggi della Bibbia (cfr. *Is* 42,5 e *1Cor* 15,46) usati anche da Ireneo per illustrare la posizione

[14] «Erst mit über 30 Jahren wurde er Christ und stellte sich in den Dienst der Kirche. Aber schon nach wenig mehr als 10 Jahren entfernte er sich aus der Großkirche, ohne in der Hierarchie ein Amt vertreten zu haben. Solche biographische Notiz paßt zum Bild des dynamischen, zu Extremen neigenden Theologen, wie B. Kötting vermerkt: "Eher wurde Tertullian durch seine schroffe, zum Extremen und Rigorismus neigende Natur, die sich wohl keiner Gemeinschaft harmonisch hätte einfügen lassen, zum Zerwürfnis mit der Kirche getrieben.". Alle diese Bemerkungen schmälern nicht Bedeutung und Verdienst dieses *Doctors*, sollen nur – gemäß der Tatsache, daß die Persönlichkeit des Theologen in seiner Theologie sich auch inkarniert – den charakterisieren, dem eine so entscheidende Mittlerrolle zugewiesen war, – und der für die Fassung unseres "katholischen" Axioms die ersten Voraussetzungen schuf. "So schwankt sein Bild wie das von wenigen in der Geschichte. Tatsächlich geht durch ihn selbst oder von uns aus gesagt durch sein ganzes Werk schon die Zwiespältigkeit hindurch, in der er auch der Geschichte erscheint. Dabei ist es wichtig, daß dieser Zwiespalt von Anfang an sein Werk kennzeichnet."» (*Ib.*, 52-53).

reciproca di *flatus* e *spiritus*. In particolare, nell'opera *De baptismo*, 5 afferma: "Così si restaura l'uomo secondo la sua somiglianza con Dio, poiché l'uomo era a immagine di Dio. L'immagine è da ricercare solo in una copia, la somiglianza nell'eternità (*Imago in effigie, similitudo in aeternitate censetur*). In questo modo, egli riceve di nuovo lo spirito divino che aveva ricevuto prima alla sua creazione e che aveva perso dopo con il peccato". Qui, secondo Marmann, è molto evidente fino a che punto Tertulliano intende per *imago* ciò che permane in tutti gli "stati" di salvezza il fondamento, la premessa ontologica per la realizzazione dello spirito verso la somiglianza a Dio; si affermano sia la connessione sia la separazione e la separabilità di *imago* e *similitudo*. E parafrasando Ratzinger, Marmann afferma che accanto all'*imago Dei* che è associata alla carne, ma sarebbe meglio dire all'intero essere umano naturale, Tertulliano pone la somiglianza a Dio, la quale si potrebbe definire rigorosamente "sovrannaturale"; raramente, nel corso della storia, la distinzione tra "naturale" e "sovrannaturale" è stata affermata in modo così semplice e senza forzature. D'altra parte, potrebbe essere interessante considerare l'ambiente intellettuale in cui si verifica tale distinzione.[15]

Per Marmann, a questo punto occorre inserire una breve nota riguardante il concetto di Tertulliano della *natura humana* come *natura*. Il fatto che una valutazione generica della sua dottrina dell'*imago* sia alquanto discutibile è documentabile sulla base di un solo testo (come in Stoeckle): perché nonostante la differenza tra immagine e somiglianza non

[15] «In seiner theologischen Anthropologie gehört die Unterscheidung von *imago* und *similitudo* – die sicherlich ins Ursprungsfeld von *gratia praesupponit naturam* fällt –, zur Lehre Tertullians. Er ist darin ganz von Eirenaios abhängig und verknüpft gleich ihm "die Ähnlichkeit mit dem Geistbesitz". Ebenso wie bei diesem konstituiert der "Hauch des Lebens" (*Adversus haereses*, 5,12,2 – *Adversus Marcionem*, II,9) das "Bild": beider Identität wird konstatiert unter Berufung auf die Bibelstellen *Jes* 42,5 und *1Kor* 15,46, die auch Eirenaios zur Erläuterung des Zueinanders von *flatus* und *spiritus* zusammen sieht. Besonders ist hinzuweisen auf *De baptismo*, 5: "So wird der Mensch wiederhergestellt für Gott nach der Ähnlichkeit dessen, der ehedem "nach dem Ebenbilde Gottes" gewesen war. Das Ebenbild ist nun in der Kopie, die Ähnlichkeit in der Ewigkeit zu suchen (*imago in effigie, similitudo in aeternitate censetur*). Denn es erhält den Geist Gottes wieder zurück, den es vor Zeiten aus seinem Anhauche empfangen, nachher aber durch die Sünde verloren hatte." Hier ist sehr deutlich, wie sehr Tertullian unter *imago* das in allen Heils–"ständen" Bleibende, das Fundament sieht, seinshafte Voraussetzung für die Geisterfüllung zur Ähnlichkeit mit Gott; sowohl die Verknüpftheit wie die Trennung und Trennbarkeit von *imago* und *similitudo* werden behauptet: "Neben die Gottebenbildlichkeit, die dem Fleisch, man möchte aber umfassender sagen: dem ganzen natürlichen Menschsein zugeordnet ist, stellt Tertullian die Gottähnlichkeit, die, wie man formulieren könnte, streng "übernatürlich" ist. – (Anm.:) Ich glaube, selten in der Tradition kann man so einfach und ohne Vergewaltigung die Unterecheidung von "natürlich" und "übernatürlich" eintragen wie hier. Andererseits mag es natürlich nicht ohne Interesse sein, die gedankliche Umwelt zu sehen, in der hier diese Unterscheidung auftritt."» (*Ib.*, 53).

sia generalmente minimizzata (come sostiene Stephan Otto) e non sia nemmeno molto probatoria, si deve comunque tener conto del fatto che di solito *imago* e *similitudo*, probabilmente sotto l'ascendente dell'antropologia stoica, sono considerate un tutt'uno e indicano ciò che è umano (*flatus*). Per Otto, infatti, Tertulliano parla qui (*Adversus Marcionem*, II,1-10) non solo dell'*imago*, come se l'*imago* si potesse separare dalla *similitudo*. Egli le mette insieme sostenendo che il caratteristico per eccellenza di tale unità (*imago* e *similitudo*) è il fatto che siano dotate del libero arbitrio. Tale dotazione è la *forma eiusmodi status* (*Adversus Marcionem*, II,5), cioè il momento essenziale di immagine e somiglianza. Solo l'uomo libero ha i tratti divini, la *lineas Dei* (*Adversus Marcionem*, II,9), e pertanto è *imago et similitudo*. Tertulliano parla dell'*integritas imaginis et similitudinis*: immagine e somiglianza vanno insieme e ambedue sono caratterizzate dalla naturale *potestas liberi arbitrii*.[16]

Poiché l'*imago* non è più considerata il complemento incondizionato della *similitudo* è necessario dare una nuova espressione al momento sovrannaturale nell'esistenza della persona cristiana. Qui, secondo Marmann, sembra che abbia inizio già un certo spostamento all'interno del ragionamento: un passaggio fondato sì sulla Bibbia, ma che poi riappare solo molto più tardi nella dogmatica diventata sistema, e che si preannuncia già in Tertulliano. Mentre prima sulla base di *1Cor* 15,46 nel possesso dello spirito era implicata anche la *similitudo*, adesso che si utilizza "soltanto" la *imago* ci si basa su *1Cor* 15,49 per la stessa circostanza (εικων του χοϊκού εικων του επουρανιου – *e come abbiamo portato l'immagine dell'uomo di terra, così porteremo l'immagine dell'uomo celeste*), segnalando in questo modo la distinzione tra *imago Dei* naturale e

[16] «Hier ist schon ein Ausgriff nötig auf das, was in extenso erst im 3. Kapitel bedacht werden soll, auf Tertullians Begriff der menschlichen Natur als *natura*. Dadurch kann die Fragwürdigkeit einer generellen Beurteilung seiner Imagolehre nur von einem einzigen Text her (wie bei B. Stoeckle, *Gratia supponit naturam*) dokumentiert werden. Denn obwohl die Bagatellisierung der Bild–Ähnlichkeit–Differenz, wie sie St. Otto behauptet, auch nicht generell gilt (s. o.) und nicht sehr beweiskräftig ist, muß doch beachtet werden, daß sonst meist *imago* und *similitudo* – wohl mit unter dem Einfluß stoischer Anthropologie – als eins gefaßt sind und das *humanum* (*flatus*) bezeichnen. "Tertullian redet hier (*Adversus Marcionem*, II,1-10) nicht nur von der *imago*, so als wäre die *imago* von der *similitudo* zu unterscheiden. Er setzt beide in eins und nennt als ausgezeichnete Eigenschaft dieser *imago et similitudo* die Ausstattung mit dem *liberum arbitrium*. Diese Ausstattung ist die *forma eiusmodi status* (*Adversus Marcionem*, II,5), das heißt das wesentliche Moment am Bild und Gleichnis. Nur der freie Mensch trägt die Züge Gottes, die *lineae dei* (*Adversus Marcionem*, II,9) und ist deshalb *imago et similitudo*: Tertullian spricht von der *integritas imaginis et similitudinis*: Bild und Gleichnis gehören zusammen und werden beide durch die "natürliche" *potestas liberi arbitrii* gekennzeichnet."» (*Ib.*, 53-54).

sovrannaturale divenuta consueta nel frattempo. Tertulliano lo fa in *De resurrectione carnis*, 49. Dopo la citazione di *1Cor* 15,49 (*Sicut portavimus immagine choici [terreni], portemus etiam immagine supercoelastis [coelestis]*), si legge: *Nam etsi in carne hic portatur imago Adae, sed non carnem monemur exponere. Si non carnem, ergo conversationem, ut proinde est coelestis immagine gestamus in nobis: secundum liniamenta Christi incedentes in sanctitate et iustitia et veritate.*[17]

Per Marmann, anche in questa terminologia "nuova" (che pur rappresenta quella più originale, qualora non solo formulata, ma anche interpretata in senso biblico) è ancora presente il rapporto *imago-similitudo* nell'accezione *terrenus-coelestis*, sebbene quest'ultimo significato non sia più fissato come relazionale nella concettualità stessa. Sembra essere dovuto anche a questo spostamento ricco di conseguenze che il concetto di *similitudo* nell'antropologia teologica poi si perda, e con esso un approccio intellettuale che assicurava l'unione viva tra *natura* e *gratia* già a livello terminologico.[18]

Secondo Marmann, a ragione Otto registra in Tertulliano, specialmente nei libri contro Marcione, una tendenza a rappresentare immagine e somiglianza come un tutt'uno. Eppure sembra troppo indifferenziata l'affermazione frettolosa secondo cui i due concetti siano saldati insieme, in maniera tale da non denotare più due idee diverse; se non altro per il fatto che le due nozioni compaiono quasi sempre insieme (e

---

[17] «Indem aber *imago* schon nicht mehr so unbedingt in Offenheit und Ergänzungsbedürftigkeit zur *similitudo* gesehen wird, muß auch das übernatürliche Moment in der Existenz des Christen neu ausgedrückt werden. Und da scheint mir schon eine Verschiebung in der Argumentation zu beginnen, jedenfalls ist sie mir an einer Stelle aufgefallen, die zwar auch in der Heiligen Schrift grundgelegt ist, dann aber wieder erst spät in zum System gewordener Dogmatik einen Platz hat, und sich bei Tertullian schon ankündigt. Während früher, von *1Kor* 15,46 ausgehend (s. o.), im Geistbesitz die *similitudo* gesehen wurde, begründet jetzt, da "nur" noch *imago* gebraucht wird, *1Kor* 15,49 den gleichen Sachverhalt: εικων του χοϊκού – εικων του επουρανιου, damit also schon die dann üblich gewordene Unterscheidung von natürlichem und übernatürlichem Gottebenbild signalisierend. Tertullian tut das *De resurrectione carnis*, 49: Nachdem zitiert wurde *1Kor* 15,49 (*Sicut portavimus imaginem choici* [Vulgata: *terreni*], *portemus etiam imaginem supercoelestis* [Vulgata: *caelestis*].), heißt es: *Nam etsi in carne hic portatur imago Adae, sed non carnem monemur exponere. Si non carnem, ergo conversationem, ut proinde et coelestis imaginem gestemus in nobis – : secundum liniamenta Christi incedentes in sanctitate et iustitia et veritate*» (*Ib.*, 54).

[18] «Auch in solch "neuer" Terminologie (die doch die ursprünglichere ist, wenn sie nur nicht allein biblisch formuliert, sonders auch interpretiert ist) ist das Verhältnis von *imago – similitudo* in der Zuordnung *terrenus – caelestis* wieder anwesend, wenn auch dieser Sinn nicht mehr schon in der Begrifflichkeit als relational festgehalten ist. Mit an dieser folgenreichen Verschiebung scheint es zu liegen, daß in der theologischen Anthropologie *similitudo* verloren geht und damit ein Denkansatz, der die lebendige Einheit von *natura* und *gratia* schon in der Terminologie verbürgt» (*Ib.*, 54).

non sono mai impiegate separatamente per specificare, di volta in volta, lo stesso stato di cose). Inoltre, in Tertulliano si trova la stessa cristocentricità di Ireneo; l'immagine di Dio è il Figlio di Dio incarnato e diventato uomo, e in Lui *imago* e *similitudo* si legano insieme in modo del tutto naturale per formare un'unione voluta da Dio. Scrive Tertulliano: *Erat autem ad cuius immagine faciebat, ad Filii scilicet, qui, homo futurus certior et verior, immagine suam fecerat dici nomine, qui tunc de limo formari habebat, imago veri et similitudo* (*Adversus Praxean*, 12,4). Per Marmann, è proprio la posizione dell'ultima parola *similitudo*, messa alla fine della frase, a sottolinearne la differenza rispetto a *imago*. Del resto, Otto stesso dà rilievo ad un passaggio che denota la dualità di immagine e somiglianza, ma che egli interpreta in maniera diversa (e con ciò anche il pensiero di Ireneo), cioè con riferimento all'idea odierna della persona, quando sostiene che Tertulliano sottolinea l'elemento dinamico nell'essere della persona cristiana. In *De exhortatione castitatis* (1,2) si legge: *Voluntas Dei est sanctificatio nostra. Vult enim immagine suam nos etiam similitudinem fieri, ut simus sancti, sicut et ipse sanctus est.* E Otto commenta che qui si parla dell'aumento dell'*imago Dei* fino alla santità. Secondo Marmann, è corretto che l'*imago* diventi *similitudo*, ma viene da chiedersi se sia lecito chiamare un tale divenire semplicemente "aumento". Naturalmente, l'*imago* rimane tale nella *similitudo*, anzi diventa immagine vera solo in essa, tramite e in Cristo, ma ciò comprova solo il fatto che l'uomo diventa "nuova creazione" nella "somiglianza", che quindi alla sostanza creaturale dell'uomo si aggiunge il nuovo, ed è questo il presupposto permanente per la sua somiglianza a Dio e in Dio. Invece, osserva Marmann, è tipica la conclusione che Otto trae dalla suddetta citazione di Tertulliano, quando afferma che la differenza tra Dio e uomo, per quanto riguarda l'identità ontologica, si rivela dunque anche nei concetti – in un primo momento sinonimi – di *imago* e *similitudo*. La similitudine o somiglianza è diretta verso la perfezione tramite la santità. Di questo hanno parlato anche i greci Ireneo e Clemente, ma loro ponevano l'accento diversamente. Nella loro dottrina l'uomo diventa *imago et similitudo* soprattutto perché il *Logos* entra nella sostanza carnale dell'uomo, quindi grazie al processo dell'incarnazione che si verifica al momento del battesimo. Ed è proprio questo fatto che a Marmann sembra essere presente in quei passaggi in cui Tertulliano vede e cita insieme *imago* e *similitudo*.[19]

Per Marmann, tuttavia, l'opinione di Otto è più che lecita, perché per Tertulliano è proprio il libero arbitrio dell'uomo a rappresentare quel che è caratteristico della sua essenza, e ciò vale ovviamente a maggior ragione per l'immagine di Dio "elevata" a somiglianza. Scrive, infatti, Tertulliano: *Oportebat igitur immagine et similitudinem Dei liberi arbitrii et suae potestatis institui* (*Adversus Marcionem*, II,6,3). La libertà (e così anche il potere di disporre di se stessa), tuttavia, è il costituente per eccellenza di *natura*; è quindi il concetto di libertà (e quello di una certa autonomia) chiaramente influenzato dalla Stoà a forzare il transito nell'antropologia, anche se è indiscusso il fatto che in Tertulliano la visione di Ireneo non è ancora stata abbandonata.[20]

---

[19] «Stephan Otto registriert bei Tertullian, besonders in den Büchern gegen Markion, zurecht eine Tendenz. Bild und Gleichnis in Einheit zu kennzeichnen. Aber die schnelle Behauptung, beides falle ineinander so, daß sie nicht mehr auch Verschiedenes bezeichnen, scheint mir zu undifferenziert. Schon die Tatsache, daß er beide Begriffe meist zusammenstellt (und nicht etwa mal den einen dann den anderen für den gleichen Sachverhalt), birgt einen Hinweis darauf. Weiterhin findet sich bei Tertullian die nämliche Christo–zentrik wie bei Eirenaios; das Gottes–Bild ist der Mensch gewordene Gottessohn; und im Blick auf ihn fügen sich *imago* und *similitudo* selbstverständlich zur gottgewollten Einheit: *Erat autem ad cuius imaginem faciebat, ad Filii scilicet, qui, homo futurus certior et verior, imaginem suam fecerat dici hominem, qui tunc de limo formari habebat, imago veri et similitudo* (*Adversus Praxean*, 12,4). Gerade die Hinterherstellung des letzten Wortes *similitudo* betont diese, sie von der *imago* unterscheidend. – Im übrigen weist Otto in seinem Artikel "Der Mensch als Bild Gottes bei Tertullian" (in: Der Mensch als Bild Gottes, Darmstadt, 1969) selbst auf eine Stelle hin, die die Dualität von Bild und Gleichnis nennt, die er aber – und damit auch die Auffassung des Eirenaios – im Sinne des heutigen Person–Verständnisses – anders interpretiert, behauptend: "... betont Tertullian das dynamische Moment am Sein des Christen". In *de exhortatione castitatis* heißt es (1,2): *Voluntas dei est sanctificatio nostra. Vult enim imaginem suam nos etiam similitudinem fieri, ut simus sancti, sicut et ipse sanctus est.* Ottos Kommentar: "Hier wird von der Steigerung der Ebenbildlichkeit bis zur Heiligkeit gesprochen." (aaO 141). Zwar ist richtig, daß die *imago* zur *similitudo* wird – aber: kann man solches Werden einfachhin "Steigerung" nennen? Natürlich bleibt die *imago* in der *similitudo* die *imago*, ja: sie wird in jener erst zum wahren Bild: durch und in Christus, aber das beweist doch nur, daß im "Gleichnis" der Mensch zur "neuen Schöpfung" wird, daß also das Neue hinzukommt zu der kreatürlichen Substanz des Menschen, der darin seine bleibende Voraussetzung für die Ähnlichkeit in Gott hat, beziehungsweise ist. – Typisch ist dagegen die Folgerung, die im oben angegebenen Artikel Ottos zu lesen ist, aus dem angeführten Tertullian–Zitat: "Der Unterschied in der Seinsintensität bei Gott und Mensch zeigt sich also auch an den – zunächst synonymen – Begriffen *imago* und *similitudo.* Die Ähnlichkeit oder Gleichnishaftigkeit ist ausgerichtet auf die Vollendung durch die Heiligkeit. Davon hatten zwar auch die Griechen – Irenaeus und Clemens – gesprochen. Aber bei ihnen war der Akzent anders gesetzt. *Imago et similitudo* wurde nach ihrer Lehre der Mensch vor allem durch das Eingehen des *Logos* in die fleischliche Substanz des Menschen – also durch das Geschehen der Menschwerdung oder durch den Empfang der Taufe.". – Genau dieser Tatbestand scheint mir meist bei den Stellen, in denen Tertullian *imago* und *similitudo* zusammen sieht und –nennt, gegeben zu sein! –» (*Ib.*, 54-55).

[20] «Dennoch besteht die Auffassung St. Ottos weitgehend zurecht, da Tertullian eben im freien Willen des Menschen das Charakteristische seines Wesens sieht, – und das gilt natürlich und gerade für das zur *similitudo* "erhöhte" Ebenbild Gottes. *Oportebat igitur imaginem et similitudinem Dei liberi arbitrii et suae potestatis institui* (*Adversus Marcionem*, II,6,3). Freiheit (und Selbstverfügbarkeit, oder Selbstmächtigkeit), ist aber das Konstituens von *natura*, und somit ist es der Freiheitsbegriff (und der

Secondo Marmann, il *magister* che Tertulliano rappresentava per Cipriano introdusse dunque un importante spostamento dell'accento nell'ambito dell'antropologia teologica, forse non ancora molto evidente nei vari punti di congiunzione della sua opera, ma ben percepibile se osservato alla luce degli sviluppi che seguirono. L'approccio filosofico – compiuto in un primo momento solo al livello linguistico – non rileva più l'essenziale distinzione tra *imago* e *similitudo*, finora atta a illustrare il rapporto reciproco tra spirito divino e *natura humana*. Così che si pone la domanda se l'equilibrio finora mantenuto, tra il momento divino e quello umano, non venga perduto nella riflessione tra essere e vita della persona cristiana. Ad ogni modo, la maggiore concentrazione su *natura* significa non soltanto una novità terminologica, ma in realtà riguarda in modo inavvertito la sostanza del tema stesso.[21]

Perché in primo luogo, con il progressivo allontanamento delle parole bibliche, la giustificazione dell'immagine umana non è più ancorata alla Bibbia stessa e si sposta in direzione dell'antropologia filosofica. In secondo luogo, poiché la conoscenza circa l'origine dell'uomo non si rispecchia più nell'espressione che forma il pensiero del filosofo, l'*humanum* – nella misura in cui il concetto è man mano adottato – d'ora in avanti, la parentesi teocentrica, non è più *conditio sine qua non* per le relative riflessioni. Per Marmann, rimane vero quanto afferma Otto, quando scrive che il caratteristico della *natura* di Tertulliano è la sua "provenienza da Dio" (cfr. Joseph Lortz). Ma si deve riconoscere che qui si rispecchia un altro tratto fondamentale dell'etica stoica. La provenienza dell'uomo da Dio e la sua relazione con Lui costituiscono ancora la base dell'antropologia, ma nella sua definizione come *natura* queste due componenti non sono più presenti. In terzo luogo, i concetti *imago-similitudo* consentono di esprimere il rapporto tra *natura* e *gratia* con una

Begriff einer gewissen Autonomie) – deutlich geprägt von stoischem Einfluß –, der in der Anthropologie den Übergang erzwingt, auch wenn meines Erachtens feststeht, daß bei Tertullian selbst die Sicht des Eirenaios noch nicht einfach und schlechthin versiegt» (*Ib.*, 55).

[21] «Mit dem *magister*, der Tertullian für Cyprian war, geschieht also eine gewichtige Akzentverlagerung in der theologischen Anthropologie, die in seinem eigenen Werk in den diversen Nahtstellen nicht sehr deutlich, aber, von der folgenden Entwicklung her betrachtet, doch deutlich genug zu Tage tritt. Die wesentliche Unterscheidung von Gottes *imago* und *similitudo*, mit der das Zu– und Ineinander von Geist Gottes und Menschnatur biblisch–bildhaft gegriffen war, wird (zuerst nur sprachlich) vom philosophischen Ansatz nicht mehr gegriffen, sodaß die Frage entsteht, ob die bisherige "Balance" von göttlichem und menschlichem Moment in der Reflexion über Sein und Leben des Christen nicht verloren geht. Jedenfalls ist mit der Hinwendung zu *natura* nicht nur eine terminologische Novität gegeben, sondern unter der Hand die Sache selbst betroffen» (*Ib.*, 56).

formula concisa (*imago in similitudine*). *Similitudo* non può stare da solo, ma dipende dal substrato di *imago*, funge da concetto qualificante sia rispetto alla relazione sia alla "qualità", e intende qualcosa "in più" e "di diverso" rispetto all'immagine, ma inteso come maggiore vicinanza a Dio che costituisce somiglianza si colloca pur sempre nella stessa direzione contenutistica di *imago* che punta verso Dio. L'intera compagine di contenuti è costruita attorno a questi due termini che sembrano essere tra i grandi doni presenti nella storia della teologia cristiana. Se le tante affermazioni basate sulla loro correlazione non sono più riconosciute o se sono abbandonate per altri motivi, allora l'unità relazionale delle due realtà in essi racchiuse deve essere ridefinita: doveva avviarsi un processo per trasporre i due concetti biblici-teologici e la loro correlazione in un ambito del tutto nuovo dove i termini sono determinati in maniera radicalmente diversa. Quel che finora riguardava solo il teologo deve essere ora ripartito tra i settori della filosofia e della teologia, e così al problema un tempo cardine del rapporto tra l'ordine della creazione e quello della redenzione, che ora pure si pone in modo nuovo, si aggiunge, per Marmann, la domanda: esiste la relazione tra filosofia e teologia? Che aspetto ha e cosa è in grado di fare in questo caso? Perché *natura* è sì un concetto filosofico, ma ciò che si aggiunge e ciò che abbraccia lo sa solo la teologia. In quarto luogo, a parte le – pur notevoli – difficoltà, questo processo comporta anche grandi possibilità che dimostreranno la necessità di questa evoluzione. Perché quasi contemporaneamente inizia, o può avere inizio, la determinazione esatta di ciò che è la *natura* dell'uomo. Tertulliano parla di *ratio, bonitas, liberum arbitrium* e *postestas sua*; tutti concetti atti a decifrare quello di *natura*. Nel momento in cui si comincia a precisare il contenuto di uno dei poli è ovvio che sia necessario precisare pure l'altro.[22]

[22] «Denn erstens löst sich mit der allmählichen Verdrängung der Bibel–Worte die Begründung des Menschenbildes aus der Verankerung in der Heiligen Schrift überhaupt und bewegt sich in Richtung auf die philosophische Anthropologie. – Zweitens: indem das Wissen um den Ursprung des Menschen aus Gott sich nicht mehr im Ausdruck findet, mit dem der Theologe denkt, wird das Humanum – in dem Maße, wie sich der Begriff einbürgert – unter Umständen fortan nicht selbstverständlich und evidentermaßen in der theozentrischen Klammer gedacht. Zwar gilt, daß "der kennzeichnende Zug der tertullianischen *natura* darin bestünde, daß sie "von Gott herrühre" (Lortz). Aber es darf nicht verkannt werden, daß sich hier wiederum ein Grundzug der stoischen Ethik widerspiegelt.". Noch ist in der Lehre vom Menschen die Herkunft aus Gott und die Relation zu ihm das Fundament, – aber in seiner Definition als *natura* kommt dies nicht mehr vor! – Drittens: durch die Bildbegriffe konnte das Verhältnis Natur – Gnade in einer knappen Formel gesagt werden (= *imago in similitudine*); *similitudo* kann nicht für sich sein, ist auf *imago* als Substrat angewiesen, ist sowohl Relations– als auch "Qualitätsbegriff", meint ein Mehr und Anders gegenüber dem Bild, aber ist doch sozusagen innerhalb der Inhaltsrichtung von *imago*,

Stando all'Antico Testamento, osserva Marmann, l'*imago Dei* non è altro che un'affermazione sul cui senso vero e concreto gli esegeti sono tutt'ora divisi. Per Ireneo e per Tertulliano l'unica risposta valida del teologo è: punto di partenza e cardine di ogni antropologia è l'immagine primordiale, Gesù Cristo. In Lui, *imago* e *similitudo* sono totalmente realizzate tanto che la distinzione delle due acquisisce senso solo da e in Lui, perché è solo in Lui che l'uomo caduto può raggiungere la "prevista" somiglianza a Dio. Ma nel momento in cui il teologo ricercatore non più soddisfatto di uno sguardo semplice su Cristo si accinge ad analizzare l'integrazione in Cristo, ovvero il percorso dall'uomo vecchio all'uomo nuovo e le relative condizioni, la questione si ripropone in maniera più acuta. In altre parole: dal momento in cui la persona cristiana non solo accetta la rivelazione dell'uomo tramandata, ma la vede confrontarsi con l'immagine dell'uomo e le sue componenti determinanti, già scoperta dalla propria *ratio*, Cristo rappresenta "solo" il riassunto, la ricapitolazione di ciò che la teologia deve ancora analizzare. In Tertulliano, l'intelletto filosofico della persona battezzata rivendica il proprio diritto alla teologia. Per Marmann, ciò vuol dire, in riferimento alla nostra questione concreta, che nel momento in cui inizia il dialogo necessario tra filosofi e teologi, nel quale all'idea di *imago-similitudo* si attribuisce un peso particolare, essa diventa discutibile perché considerata concetto teologico di carattere solo preliminare e addirittura secondario per quanto riguarda lo sguardo su Gesù Cristo. Anzi è messa in disparte grazie ad un'altra corrente di pensiero che

---

die auf Gott weist, gelegen: als eben größere Nähe zu Gott, die Ähnlichkeit konstituiert etc. Dieses gesamte Inhaltsgefüge hängt freilich an diesen beiden Worten, die mir zu den großen Geschenken in der Geschichte der christlichen Theologie zu gehören scheinen. Wird die Fülle der Aussagen, die ihre Zuordnung einschließt nicht mehr erkannt, oder werden sie aus anderen Gründen aufgegeben, muß die Verhältniseinheit der beiden darin aufgehobenen Realitäten neu gesucht werden – ein Prozeß müßte beginnen, der die beiden biblisch–theologischen Begriffe und ihre Bezogenheit transponiert in eine völlig neue Umgebung und andersartige Begriffsbestimmung: Was bislang nur Sache des Theologen war, mußte nun auf das Feld von Philosophie und Theologie verteilt werden, sodaß sich in das vordem hauptsächliche Problem der Relation von Schöpfungs– und Erlösungs–ordnung, das sich nun ebenfalls neu stellt, das andere hineinschiebt: gibt es, – und wie sieht sie aus, – und was vermag sie in diesem Fall, – : die Relation von Philosophie und Theologie? Denn *natura* ist ein philosophischer Begriff – aber was dazukommt, beziehungsweise –gehört, kennt nur die Theologie. Viertens: Neben großen Schwierigkeiten eröffnen sich aber mit diesem Vorgang auch große Möglichkeiten, die die Entwicklung als (früher oder später) notwendig erweisen. Denn sozusagen im gleichen Atemzug kann beginnen und beginnt die genauere Bestimmung von dem, was des Menschen Natur ist. Tertullian spricht von *ratio*, *bonitas*, *liberum arbitrium*, *potestas sua*, welche Begriffe *natura* aufschlüsseln können. Indem aber die Präzisierung des Inhaltes des einen Poles einsetzt, wird auch die Präzisierung des anderen erforderlich» (*Ib.*, 56-57).

utilizza concetti nuovi per ciò che il teologo sembrava aver già chiarito e definito in maniera univoca.[23]

Ireneo e il Tertulliano dei primi scritti concepiscono l'antropologia a partire dall'uomo divino; Adamo è comprensibile solo da e verso Cristo. Negli scritti successivi di Tertulliano tale antropologia "dall'alto" si sposta verso una "dal basso" per la quale è da intendersi non solo il proposto filosofico, ma con esso si verifica anche una maggiore accentuazione del destino dell'uomo segnato dal peccato e della sua concreta esistenza storica. Un confronto dell'intera teologia di Ireneo con l'intera opera di Tertulliano, osserva Marmann, illustrerebbe questo processo in maniera ancor più dettagliata; la teologia dell'immagine rappresenta – soprattutto per quanto riguarda l'assioma e il concetto di *natura* – un punto essenziale, ma uno spostamento così intenso e carico di conseguenze che riguarda naturalmente tutti i trattati teologici. Per Marmann, di seguito dovremmo occuparci anche di un altro spostamento, ovvero di un ampliamento, una differenziazione ben percettibile nel percorso della tradizione dottrinale da Ireneo verso Tertulliano, ovvero la determinazione di ciò che è da intendersi per economia della salvezza, perché a partire da ciò è tracciabile l'inizio di un pensiero nel senso del nostro assioma. Come in Ireneo, lo sguardo si apre per spaziare dalla dottrina dell'*imago Dei* verso il dinamico progetto d'insieme divino, che per Tertulliano è compreso nella modalità ecclesiologica del pensiero su immagine e ricapitolazione. E parafrasando Ratzinger, Marmann afferma che la salvezza è camminare seguendo

[23] «Gottebenbildlichkeit ist ja nach dem A.T. nur eine Behauptung, über deren eigentliche, konkrete Aussage bis heute keine Einigkeit unter den Exegeten erzielt werden konnte; für Eirenaios und mit ihm Tertullian gilt als einzige Antwort des Theologen: Ausgangspunkt und Angelpunkt aller Anthropologie ist das Urbild, Jesus Christus. In ihm ist zwar *imago* und *similitudo* ganz verwirklicht, – so sehr, daß erst von Ihm her besagte Unterscheidung sinnvoll wird: denn nur in Ihm ist für den gefallenen Menschen die "vorgesehene" Ähnlichkeit mit Gott erreichbar. Aber in dem Augenblick, in dem der suchende Theologe mit dem einfachen Blick auf Christus nicht mehr zufrieden ist, indem er die Eingliederung in Christus, den Weg vom alten Menschen zum neuen Menschen und seine Bedingungen untersucht, stellt sich die Frage neu und verschärft; oder, mit anderen Worten, in dem Augenblick, in dem der Christ nicht nur die überlieferte Offenbarung vom Menschen annimmt, sondern diese konfrontiert sieht mit dem Menschenbild und seinen bestimmenden Komponenten, das seine *ratio* schon entdeckt hat, ist Christus "nur" die Zusammenfassung, die Rekapitulation dessen, was theologisch erst noch analysiert werden muß. In Tertullian beginnt erstmalig in solcher Dringlichkeit der philosophische Intellekt des Getauften sein Recht in der Theologie anzumelden; das heißt, auf unseren konkreten Fragepunkt angewandt, gleichzeiting mit dem Beginn des notwendigen Dialoges zwischen Philosophen und Theologen, in der die *imago–similitudo*-Vorstellung primäres Gewicht erhielte, wird sie als theologisches Konzept, das im Blick auf Jesus Christus nur vorläufigen und sekundären Charakter hatte, fragwürdig und gesprengt durch ein anderes Denken mit neuen Begriffen für das, was der Theologe schon klar erfaßt und erklärt zu haben schien» (*Ib.*, 57).

l'immagine di Gesù Cristo nell'unione con la figura storica della Chiesa. Viceversa, la Chiesa è inclusa nel grande andamento dell'economia della salvezza in quanto ristabilisce la somiglianza a Cristo tra gli uomini.[24]

1.2.2. Il progetto salvifico divino

Prima di occuparci del concetto di *natura*, osserva Marmann, occorre dirigere l'attenzione verso l'economia della salvezza di Dio perché è solo partendo da essa che *natura* si può capire correttamente. Infatti, come afferma Otto, al tratteggio rigido dell'*oikonomia-dispositio* si sottopone la *natura humana* nel proprio nascere, maturare e compiersi. Secondo Marmann, a questo riguardo, Tertulliano riprende la dottrina del grande teologo dell'*oikonomia* del quale si è detto che ciò che Ireneo oppone all'idea gnostica che consegna il cosmo e la storia alla caduta originale è in prima linea, e visto dall'esterno, il pensiero che la storia sia affidata al Dio Creatore, il quale attraverso la sua *oikonomia* comprende e tiene, plasma e ordina il cosmo e la storia. In seconda linea, e visto dall'interno, ciò significa che storia e cosmo sono affidati al Dio incarnato, e che per la sua ricapitolazione, storia e cosmo sono incorporati in Dio (cfr. Martin Widmann). È da Cristo, immagine originale, che scaturisce ogni incarnazione e ogni storia dell'uomo; in Lui, che è il "ricapitolatore", tutto culmina; Egli è alfa ed omega come afferma anche Tertulliano: confrontandosi con Ermogene, sostiene che Redenzione significa ristabilire la *innocentia et integritas conditio* (*Adversus Hermogenem*, 11,3). Questa opinione si basa sulla tipologia Adamo-Cristo. Nel libro *De monogamia*, infatti, si dice che Cristo riprende la storia della salvezza al contrario,

---

[24] «Für Eirenaios und den früheren Tertullian wird Anthropologie vom Gottmenschen her konzipiert, Adam ist nur auf Christus hin und von Ihm her zu begreifen. Bei Tertullian in den späteren Schriften verlagert sich solche "Anthropologie von oben" zur Anthropologie von unten, worunter dann nicht nur der philosophische Entwurf, sondern – wie noch zu zeigen sein wird – damit zusammengehend auch die viel stärkere Betonung der sündigen Verfallenheit und seine ganz konkrete, geschichtliche Existenz fällt. Ein Vergleich der gesamten Theologie des Eirenaios mit dem ganzen Werk Tertullians könnte diesen Vorgang noch umfassender darstellen und begründen; die Bild–Theologie ist zwar – gerade auch für das Axiom und den Natur–Begriff darinnen – ein wesentlicher Punkt, aber solche folgenschwere Verlagerung trifft natürlich alle theologischen Traktate. Im Folgenden muß noch auf eine weitere Verschiebung, beziehungsweise differenzierende Erweiterung in der Lehrtradition von Eirenaios zu Tertullian eingegangen werden: auf die Bestimmung dessen, was mit der Heilsökonomie gemeint ist; denn von daher kann, wie gezeigt worden ist, ein Denken im Sinne unseres Axioms ursprünglich begründet werden. Wie bei Eirenaios weitet sich von der Lehre über die Gottebenbildlichkeit des Menschen der Blick auf den umfassenden, dynamischen Gesamtentwurf des göttlichen Planes, der für Tertullian in der ekklesiologischen Modalität des Bild– und Rekapitulationsgedankens mitgedacht ist: "Das Heil ist… das Wandeln nach dem Bilde Jesu Christi in der Einheit mit seiner geschichtlichen Gestalt der Kirche. Umgekehrt ist die Kirche einbezogen in den großen Gang der Heilsökonomie Gottes als Wiederherstellerin der Christusbildlichkeit unter den Menschen."» (*Ib.*, 57-58).

partendo dalla *finis* per arrivare all'*initium* (5,2). Tertulliano, perciò, rispetta rigorosamente lo schema della *recapitulatio* elaborata da Ireneo, per questo è certamente dipendente dal Padre della Chiesa greco (cfr. Leo. Scheffczyk).[25]

1.2.2.1. Spostamento di accento

L'uomo, la sua vita e il suo essere sono inseriti nel progetto e nell'agire salvifico di Dio. Per Marmann, man mano che emerge ora il concetto filosofico e astratto di *natura* per rappresentare l'uomo dal punto di vista biblico-concreto, sembra che si modifichi anche il contenuto di *oikonomia-dispositio*. Per quanto Ireneo abbia preso sul serio tempo e storia intesi come sviluppo, crescita ed educazione del genere umano, va sottolineato, tuttavia, il suo modo di vedere unilaterale, il suo sguardo dall'alto su Dio e sul Suo progetto eterno, che costituisce il punto fondamentale attorno al quale costruisce la sua dottrina dell'*oikonomia*, includendo la progettazione del creato e del tempo, cioè intendendo il relativo, nella sua autonomia, come abbracciato e penetrato dall'assoluto. Nella sua dipendenza da Ireneo – e a dispetto di essa –, Tertulliano trasforma questo schema già per il fatto che guarda piuttosto verso l'uomo concreto, verso il suo condizionamento storico (e ciò significa soprattutto il suo essere rovinato dal peccato originale) e la sua metafisica. Spostando l'attenzione dalla staticità incondizionata, dall'abbondanza perenne e dall'ordine eterno dell'*oikonomia*, egli ne sottolinea piuttosto le qualità del variabile e del condizionato (con riferimento all'espressione *dispositio* gli piace parlare di *institutio* per descrivere le condizioni che contrassegnano la

[25] «Bevor wir uns eigentlich mit dem Natur–Begriff befassen, muß sich das Augenmerk auf die Heilsökonomie Gottes richten, von der her *natura* nur recht verstanden werden kann: "Die straffe Linienführung der *oikonomia–dispositio* ordnet sich die menschliche Natur in ihrem Entstehen, Reifen und Erfülltwerden unter.". Darin übernimmt Tertullian die Lehre des großen *Oikonomia*–Theologen, von dem gesagt wurde: "Was Irenäus der gnostischen Überantwortung des Kosmos und der Geschichte an den Urfall entgegensetzt, das ist zum ersten und von außen her die Überantwortung der Geschichte an den Schöpfergott, durch dessen *oikonomia* Kosmos und Geschichte umfaßt und gehalten, gestaltet und geordnet sind; das ist zum zweiten und von innen her die Überantwortung der Geschichte und des Kosmos an den menschgewordenen Gott, durch dessen Rekapitulation der Kosmos und die Geschichte in Gott einverleibt sind.". Von Christus, dem Urbild, geht alle Menschwerdung und –geschichte aus, in Ihm, dem "Rekapitulator", gipfelt alles, Er ist Alpha und Omega, sagt auch Tertullian: "Gegenüber Hermogenes erklärt er, die Erlösung sei eine Wiederherstellung der *innocentia et integritas conditionis* (*Adversus Hermogenem*, 11,3). Fundament dieser Anschauung ist die Typologie Adam – Christus. In dem Buch *De monogamia* wird gesagt, Christus wende die Heilsgeschichte vom *finis* zum *initium* zurück (5,2). Tertullian hält sich also streng an das irenaeische Schema der *recapitulatio* – insofern ist er durchaus von dem griechischen Kirchenvater abhängig."» (*Ib.*, 58).

creazione dell'uomo, ad esempio il suo libero arbitrio e la sua *potestas* [*Adversus Marcionem*, II,6] e la realtà non autonoma, ma a sé stante della *natura humana*). Con questo spostamento del punto di vista si sposta anche l'accento, sebbene in maniera quasi impercettibile: dal progetto salvifico verso la storia della salvezza. Per Marmann, Otto sottolinea così questa novità, quando afferma che Tertulliano riprende la concezione dell'economia della salvezza, ma dato che il suo pensiero è diretto piuttosto verso ciò che è concreto e unico, egli vede non soltanto il progetto, ma anche i momenti decisivi all'interno di esso: la libertà dell'uomo e l'effetto, artefice di storia, dell'agire umano. Questa visione è riconoscibile nella sua idea di *natura*: la *natura* dell'uomo è capace di creare la "propria" storia, di adeguarsi sempre di più a Dio, oppure di abbandonarlo nel peccato. Pertanto, afferma Otto, pensiamo che si debba distinguere tra il pensiero rivolto alla storia della salvezza di Tertulliano e quello rivolto all'economia della salvezza dei Greci.[26]

Il *magister* di Cartagine deve quella sua posizione allo spirito romano, più pragmatico e determinante, che si esterna conseguentemente anche nel pensiero e nel linguaggio. Grazie all'incipiente teologia latina, il progetto divino e la creatura umana, in un certo qual modo, si allontanano l'uno dall'altra; considerando quest'ultima in maniera più isolata, diventa

[26] «Der Mensch, sein Sein und sein Leben, ist eingebettet in den Plan und das Heilshandeln Gottes. In dem Maß aber nun für die konkret–biblische Darstellung des Menschen der philosophische, abstrakte Begriff *natura* erscheint, in dem Maße scheint sich auch zu wandeln die Aussage von *oikonomia–dispositio*. So sehr Eirenaios Zeit und Geschichte als Entwicklung, Reifung, Erziehung des Menschengeschlechtes ernst genommen hat, so sehr muß doch die geradezu einseitige Sicht von oben, von Gott und seinem ewigen Plan als der primäre Konstruktionspunkt seiner Oikonomie–Lehre betont werden; darin aber ist Schöpfung und Zeit immer schon eben als das Geplante begriffen, das heißt das Relative in seiner Autonomie vom Absoluten umspannt und durchwaltet. Tertullian – in und trotz seiner Abhängigkeit von ihm – verändert dieses Schema schon dadurch, daß er sich mehr zuwendet dem konkreten Menschen, seiner geschichtlichen Bedingtheit (das heißt vor allem auch seiner Gebrochenheit durch den Sündenfall) und seiner Metaphysik; er verlagert die Akzente von der festen Unbedingtheit, der steten Fülle und der ewigen Ordnung der *oikonomia* zur stärkeren Betonung des Veränderlichen, Bedingten (er spricht gerne – im Zusammenhang mit dem Ausdruck *dispositio* – von *institutio*, die die Schöpfungsgegebenheiten des Menschen bezeichnen, etwa seinen freien Willen und seine potestas (*Adversus Marcionem*, II,6) und die zwar nicht selbst–, aber eigenständige Realität, die Natur des Menschen). In solcher Wendung begibt sich unmerklich die Verschiebung der Gewichte: vom Heilsplan zur Heilsgeschichte. Das Neue kennzeichnet St. Otto: "Tertullian übernimmt die Konzeption der Heilsökonomie, aber in seiner mehr auf das Konkrete und Einmalige gerichteten Denkart sieht er nicht nur den Plan, sondern auch die entscheidenden Momente innerhalb des Planes: die Freiheit des Menschen und die geschichtsbildende Wirkung des menschlichen Handelns. Diese Sicht stellt sich dar in seinem Naturverständnis: die *natura* des Menschen ist imstande, ihre "eigene" Geschichte zu machen, sich Gott immer mehr anzugleichen oder in der Sünde von ihm abzufallen." "Wir glauben deshalb, das "heilsgeschichtliche" Denken Tertullians von dem "heilsökonomischen" der Griechen abheben zu müssen."» (*Ib.*, 58-59).

possibile considerare, in tal modo, anche la regione divina di essere e di vita. Secondo Marmann, questo è probabilmente uno dei motivi principali per cui il concetto in genere usato per tradurre il termine *oikonomia* possa essere utilizzato, separato dalla storia della creazione (e della salvezza), per esprimere la qualità divina di Dio manifesta nelle tre persone.[27]

1.2.2.2. *Dispositio* per la Trinità immanente

Nel suo scritto contro l'eresia dei monarchianisti (*Adversus Praxean*), Tertulliano usa il termine *disponere* per spiegare la Trinità nell'unità. Scrive: "E ciò, nondimeno, viene mantenuto il mistero dell'economia, che dispone l'unità nella Trinità, distinguendo in Tre, il Padre, il Figlio e lo Spirito Santo: tre, tuttavia, non per qualità, ma per successione, né per sostanza, ma per aspetto, né per potestà, ma per manifestazione" (*Quasi non sic quoque unus sit omnia, Adversus Praxean*, 2). Tertulliano chiama "semplici" e "stupidi" coloro che *simplices enim quique, ne dixerim imprudentes et idiotes, quae maior semper credentium pars est* (*Adversus Praxean*, 3).[28]

Per Marmann, le suddette citazioni dimostrano che per Tertulliano *dispositio* e anche *oikonomia* sono termini tramandati dalla tradizione greca, dove *dispositio* descrive il riferimento trinitario dell'economia della salvezza, mentre egli utilizza *dispositio* per rappresentare l'ordine relazionale tra le tre persone divine, senza abbandonare del tutto il significato originale nei suoi scritti. Purtroppo, in questa sede, osserva

[27] «Solche Einstellung kommt dem *magister* aus Karthago vom römischen, mehr pragmatischen und (rechts–) bestimmenden Geist zu, der sich im entsprechenden Denken und in der Sprache äußert. Durch die nun beginnende lateinische Theologie bewegen sich der Gottesplan und das Menschengeschöpf gewissermaßen auseinander; und indem letzteres mehr für sich beachtet wird, ergibt sich auch die Möglichkeit, die göttliche Seins– und Lebensregion für sich zu betrachten. Darin liegt wahrscheinlich einer der Hauptgründe, daß der Begriff, der meist zur Übersetzung von *oikonomia* dient, losgelöst von Schöpfung und (Heils–) Geschichte für das Gottsein Gottes in den drei Personen gebraucht werden kann:» (*Ib.*, 59).

[28] «In seiner Schrift gegen die Irrlehre der Monarchianisten (*Adversus Praxean*) ist das *disponere* gebraucht, um die Dreiheit in der Einheit zu erklären: "... und nichtsdestoweniger wird das Geheimnis der *oikonomia* bewahrt, die die Einheit in die Dreiheit auslegt (*disponit*), indem sie drei zueinanderordnet (*dirigens*); den Vater und den Sohn und den Geist, – drei aber: nicht dem Stand (*statu*) sondern dem Grade (*gradu*) nach, nicht der Wesenheit sondern der Form nach, nicht der Mächtigkeit sondern der Gestaltung." (*Adversus Praxean*, 2). – Tertullian bezeichnet die als "einfältig und dumm", die "nicht begreifen, daß man zwar an den Gott in seiner Einzigkeit (*unicum*), aber selbstverständlich mit seiner "Hausordnung" (*cum sua oiconomia*) glauben müsse, da sie fürchten, *oikonomia* Zahl und Zuordnung (*dispositio*) der Trinitas als Zerteilung anzunehmen (*praesument*), obgleich doch die Einheit, von der die Dreiheit herkommt (*derivans*), von dieser nicht zerstört wird, sondern ausgeführt wird (*administretur*)."» (*Ib.*, 59).

Marmann, non è possibile, oltre a quanto finora detto, illustrare il significato del termine *dispositio* per la dottrina della Trinità e le implicazioni ivi inerenti circa essenza e persone, trascendenza e immanenza, ma il cambiamento verificatosi nel determinarne il contenuto che conferisce un carattere nuovo al termine. Di conseguenza, come afferma Otto, l'economia rappresenta un principio relazionale fondato sull'essenza stessa di Dio che comprende il particolare ordine interno divino, espressione del fatto che Dio è il Dio trinitario. Il concetto di *dispositio* è (ri)coniato come termine per rappresentare l'idea di Dio dei cristiani, e non più soltanto il reciproco riferimento di azione e creazione divina all'interno del Suo piano salvifico; per Marmann, si potrebbe dire che il piano è "oggettivato" nel senso che diventa oggetto dell'uomo, della sua storia e della sua riflessione, e tale separazione culmina nella totale autonomia del concetto, fino a diventare l'emblema del trascendentale più puro.[29]

L'importanza di questo processo è apprezzabile solo se si considera Tertulliano, applicando una visione veramente storica, a partire dalla sua tradizione, cioè da Ireneo. Perché l'uso doppio del termine *dispositio* appena illustrato non è in fondo altro che un possibile ampliamento della sua portata. Ma a ciò si aggiunge la diastasi tra Dio e uomo in genere, ora di nuovo provata ed elaborata intellettualmente. Ancora una volta, osserva Marmann, non è questo il luogo per esaminare più da vicino l'immagine che Tertulliano ha di Dio, ma da quanto finora detto sembra già delinearsi un percorso ancora nascosto che potrebbe finire per proporre un Dio del tutto "diverso". Poiché nell'oggettivare Dio stesso egli si allontana; ed è solo logico, se Tertulliano parla e deve parlare del mistero, del

[29] «*Dispositio*, beziehungsweise *oikonomia*, erweisen diese Zitate, ist für Tertullian zwar ein von griechischer Tradition überkommener Begriff, der dort die trinitarische Bezogenheit der Heilsökonomie aussagt, hier aber für die Verhältnisordnung der drei göttlichen Personen in sich steht, ohne daß – wie schon angemerkt wurde – die vormalige Bedeutung nicht auch und vor allem im Schrifttum Tertullians sich fände. An dieser Stelle kann, so wichtig es auch wäre und so reizvoll, die Bedeutung von *dispositio* für die Trinitätslehre und die darin gegebenen Implikationen, betreffend Wesen und Personen, Transzendenz und Immanenz, nicht weiterverfolgt werden; es soll nur dieser Wandel der Inhaltsbestimmung des Wortes, die ihm einen neuen Charakter gibt, festgestellt sein. "Infolgedessen ist die Ökonomie ein Relationsprinzip, das im Wesen Gottes selbst begründet liegt und beinhaltet die eigentümliche innergöttliche Hausordnung, die der Ausdruck dafür ist, daß Gott der trinitarische Gott ist.". *Dispositio* wird als ein Begriff (um)geprägt, der die Gottesvorstellung der Christen einholt und nicht mehr nur steht für das Zu– und Ineinander von Gottes Tat und Schöpfung im Heilsplan; der Plan wird sozusagen objektiviert, wird Gegenstand des Menschen, seiner Geschichte, seiner Reflexion, und der Gipfel dieser Geschiedenheit ist die Verselbständigung des Begriffs zur Signatur des total Transzendenten» (*Ib.*, 59-60).

sacramentum oikonomiae, quae unitatem in trinitatem disponit (*Adversus Praxean*, 2). Dio è mistero, vale a dire che è assolutamente nascosto. Qui, secondo Marmann, nel cuore della teologia cristiana, nella speculazione sulla divinità trinitaria, diventa evidente sia l'opposizione alla gnosi, sia il superamento della Stoà, per la quale l'Assoluto è immanente. L'economia, per Tertulliano, come afferma Otto, non è solo un qualsiasi mistero; è il mistero per eccellenza, il *protosacramentum*.[30]

Anche parlare di Dio come di un mistero, per quanto ovvio possa sembrare, appartiene a quel tipo di teologia in cui anche l'assioma formulato infine diventa principio centrale. Ne fa parte anche una certa vicinanza alla dialettica, al pensiero teologico paradosso, una perenne presenza della teologia negativa che si vorrebbe espressione di un'enorme (ma misteriosa) tensione della dissomiglianza tra uomo e Dio. Per Marmann, il cosiddetto paradosso di Tertulliano, che tutto sommato consiste nel separare e abbinare ciò che è divino e ciò che è umano, facendo in tal modo parte dell'ambito attorno al *gratia praesupponit, non destruit, naturam* conferma questa linea che dai tempi della teologia paolina è inserita sì nella *sacra doctrina*, ma che tra i vari *Doctores*, di volta in volta, riveste un ruolo di diversa importanza. Scrive, infatti, Tertulliano: *Crucifixus est Dei Filius – non pudet, quia pudendem est et mortuus est Dei Filius, credibilis est, quia ineptum est, et sepultus resurrexit – certum est, quia impossibile* (*De carne Christi*, 5).[31]

[30] «Das Einschneidende dieses Vorgangs kann nur erkannt werden, wenn Tertullian – wahrhaft geschichtlich – von seiner Tradition, das heißt hier: von Eirenaios her gesehen wird. Denn "an sich" ist die bisher herausgeschälte Doppelverwendung von *dispositio* nur eine "zufällig" – mögliche Erweiterung seiner Reichweite; aber damit zusammen geht die nun und neu (erfahrene, aber zumindest) reflektierte Diastase von Gott und Mensch überhaupt. Auch hier ist wieder nicht der Ort, das Gottesbild des Tertullian näher zu untersuchen, – aber es scheint sich schon aus dem Gesagten zu ergeben, wie hier, verborgen noch, eine Entwicklung beginnt, die bei einem ganz "anderen" Gott enden kann. Denn indem Gott selbst objektiviert wird, sozusagen in der eigenen Ökonomie aus der diesen Äon und Kosmos durchwaltenden heraus und ihr gegenübertritt, entfernt er sich; – und es ist sozusagen eine Folgerichtigkeit, die im bei ihm vorentworfenen System impliziert ist, daß Tertullian (s. o.) vom Geheimnis, dem *sacramentum oikonomiae* sprechen kann und muß, *quae unitatem in trinitatem disponit* (*Adversus Praxean*, 2). Gott ist Geheimnis und damit ist weiter gesagt, daß er absolut verborgen ist, hier im Innersten christlicher Theologie, in der Spekulation über die trinitarische Gottheit zeigt sich die Gegnerschaft zur Gnosis ebenso wie die Überwindung der Stoa, für die das Absolute immanent ist. "Die Ökonomie ist für Tertullian nicht nur irgendein Geheimnis. Sie ist das Geheimnis schlechthin, das Protosacramentum."» (*Ib.*, 60).

[31] «(Auch das Reden von Gott als Geheimnis, so selbstverständlich es ist, gehört in den Typ der Theologie, in der schließlich auch das formulierte Axiom zum zentralen Prinzip wird. Dazu gehört eine gewisse Nähe zur Dialektik, zum paradoxen theologischen Denken, eine immerwährende Präsenz der negativen Theologie, die Ausdruck einer ungeheuren (aber geheimnisvollen) Spannung der Ünahnlichkeit von Gott und Mensch sein soll. Das sogenannte tertullianische Paradox, das letztlich in der Trennung und

Secondo Marmann è plausibile il fatto che, con questa nuova distinzione applicata alla *dispositio* – Trinità immanente in riferimento al mistero centrale della fede cristiana –, il concetto possa diventare un termine tecnico della teologia sviluppando una dinamica propria, e al contempo conferendo autonomia alla nozione di *natura*. *Natura* è, per lo meno in Tertulliano, interamente e solamente creatura, ma nella misura in cui il Creatore può essere considerato nel proprio mistero; così anche la determinazione della creaturalità di *natura* è dotata di una nuova valenza.[32]

1.2.2.3. La Trinità economica

Per Marmann, questo passo intellettuale consistente nel significato mutato del termine *dispositio*, tuttavia, non è affatto correlato ad uno smontaggio della relazione trinitaria di *oikonomia*, ma ne comporta solo la modificazione. Il punto di partenza per la considerazione della Trinità economica è piuttosto il mistero dell'immanente, non tanto il progetto presupposto. Anche qui il concetto di *dispositio* si impiega in modo quasi naturale. Scrive Tertulliano: *Habes filium in terris, habes patrem in coelis, non est separatio ista, sed dispositio divina, ceterum scimus deum etiam intra abysso esse et ubique consistere, sed ivi est potestate, filiumque, ut individuum, cum ipso ubique. Tamen in ipsa oikonomia pater voluit filium in terra haberi, se vere in coelis* (*Adversus Praxean*, 23). Otto, a riguardo, osserva Marmann, spiega che in Dio regna la legge dell'*oikonomia*, della *dispositio*. Ma proprio questa *oikonomia* non solo serve a strutturare la sostanza di Dio stesso, ma mette attraverso gli *officiales* (Figlio, Spirito) il Dio Creatore in relazione con il creato.[33]

Koppelung von Göttlichem und Menschlichem besteht und somit in den weiteren Umkreis der Entstehung (und je bedeutsamen Verwendung durch die Geschichte hindurch) von *gratia praesupponit, non destruit, naturam* gehört, bestätigt diese Linie, die seit der paulinischen Theologie zwar in der *sacra doctrina* beheimatet ist, aber doch unter den *doctores* eine verschieden große Rolle spielt (vgl. *De carne Christi*, 5: *Crucifixus est Dei Filius – non pudet, quia pudendem est et mortuus est Dei Filius, credibilis est, quia ineptum est, et sepultus resurrexit – certum est, quia impossibile*)» (*Ib.*, 60-61).

[32] «Es ist einleuchtend, daß mit jener neuen Distinktion der *dispositio* – immanente Trinität –, (weil sie sich auf das innerste Geheimnis christlichen Glaubens bezieht) dieser Begriff zu einem theologischen Fachausdruck werden kann, der sozusagen sein eigenes Gefälle entwickelt und der Verselbständigung von *natura* korrespondiert. Natur ist, zumindest bei Tertullian, ganz und nur Kreatur, aber im Maß der Schöpfer gewissermaßen in seinem eigenen Geheimnis betrachtet werden kann, erhält auch die Bestimmung der Geschöpflichkeit von *natura* einen neuen Stellenwert» (*Ib.*, 61).

[33] «Mit diesem Gedankenschritt im Bedeutungswandel des Wortes *dispositio* ist aber keineswegs ein Abbau der trinitatischen Relation von *oikonomia* überhaupt verbunden, nur deren Modifikation. Ökonomische Trinität wird stärker aus dem Geheimnis der immanenten her begriffen, nicht so sehr von dem vorausgesetzten Plan her. Auch hier findet wie selbstverständlich der Begriff der Dispositio

Secondo Marmann, anche qui sono riconoscibili alcuni punti di comunicazione con Ireneo (*Adversus Haereses*, V,6: "Perché tramite le mani del Padre, cioè tramite il Figlio e lo Spirito, l'uomo diventa [...] immagine di Dio [...]. L'uomo perfetto è l'intima unione tra l'anima che assorbe lo spirito del Padre e la carne che è fatta a immagine di Dio"); ma al contempo, il lettore si accorge anche del nuovo approccio che si presenta già per quanto riguarda l'idea di *imago-natura* come una tendenza nuova unitaria. Per quanto riguarda invece il duplice significato di *dispositio*, per amore di una precisione teologica (e antropologica), si scioglie il contesto, la consonanza delle diverse verità di fede che devono essere messe in riferimento tra di loro, senza che Tertulliano si fosse potuto già occupare di questo compito. Se fino a ora si aveva una sola antropologia che fluiva dalla teologia – una teologia verso la quale ogni antropologia si apriva –, se finora esisteva solo il *totum* dell'unione dinamica tra essere e agire divino da un lato, e creato e redenzione dell'altro, allora dall'opera del primo latinista tra i grandi Padri ci pervengono i primi segnali di una linea di sviluppo all'interno della teologia, il ché per Marmann è prova di un pensiero diversamente strutturato di forze speculative e d'ordine diverse rispetto a quelle dei Padri (cattolici) che avevano preparato l'abbozzo biblico per l'area linguistica greca.[34]

Verwendung: "Du findest den Sohn auf Erden, den Vater im Himmel," da gibt es keine Trennung, sondern es ist göttliche Ordnung (*dispositio divina*) ... in der Ökonomie selbst wollte der Vater, daß der Sohn auf Erden sei, er aber in Himmel,", sagt Tertullian. Dazu die Erläuterung von Otto: "In Gott herrscht das Gesetz der *oikonomia*, der *dispositio*. Aber eben diese *oikonomia* strukturiert nicht nur die Substanz Gottes selber, sondern setzt den Schöpfergott durch die *officiales* (Sohn, Geist) in eine differenzierte Relation zur Schöpfung."» (*Ib.*, 61).

[34] «Auch hier wieder gibt es die jeweiligen Anknüpfungspunkte in der Auffassung des Eirenaios (vgl. *Adversus haereses*, V,6: "Denn durch die Hände des Vaters, das heißt durch den Sohn und den Geist, wird der Mensch, ... ein Ebenbild Gottes... Der vollkommene Mensch ist die innige Vereinigung der Seele, die den Geist des Vaters aufnimmt, mit dem Fleische, das nach dem Ebenbilde Gottes geschaffen ist."), aber auch sogleich wieder die Erkenntnis des neuen Ansatzes, der wie ein einheitlicher Trend dem Leser entgegentritt, schon bei der *imago*- und *natura*-Vorstellung, – hier in der Doppelbedeutung von *dispositio*: Um einer theologischen (und anthropologischen) Präzisierung willen (und notwendigen Differenzierung, vgl. das oben unreflektiert gewählte "Fleisch", dessen *causa exemplaris* der Menschensohn sei,) löst sich der Zusammenhang, die Konsonanz der verschiedenen Glaubenswahrheiten, die in größerer Komplexität aufeinander bezogen werden mussen, ohne daß Tertullian diese Aufgabe schon in Angriff hatte nehmen können. Gab es bislang nur eine Anthropologie, die aus der Theologie herausfloß, – eine Theologie, auf die hin sich jede Anthropologie öffnete, – gab es bisher nur das Totum des dynamischen Ineinander von Gottes Sein und Handeln einerseits und Schöpfung und Erlösung andererseits –, so empfangen wir im Werk des ersten Lateiners unter den großen Vätern die ersten Signale einer Entwicklungslinie in der Theologie, die von anderer Denkstruktur und anderen spekulativen und Ordnungskräften zeugt, als die der (katholischen) Väter, die den biblischen Vorentwurf im griechischen Sprachbereich entfalten» (*Ib.*, 61-62).

1.2.2.4. Il progetto salvifico divino

Secondo Marmann, tutte le radici presenti nell'opera di Tertulliano si trovano ancora, per così dire, sotto terra, perché è ancora fortemente, quasi totalmente, influenzato dalla teologia a lui pervenuta. Pertanto, rimane vero – nonostante l'analisi approfondita che ha rivelato e sottolineato il nuovo – che l'Africano, per quanto riguarda sia la dottrina su *imago-similitudo*, sia quella sull'*oikonomia*, va interpretato nel senso, e anzi come "estensione" delle affermazioni di Ireneo. Infatti, afferma Otto, nel periodo della patristica, segnata da Ireneo per l'area greca e da Tertulliano per quella latina, resta ancora senza alcun dubbio il fatto che il piano divino venga considerato come "primo" e la *natura* "seconda" all'interno di quel primo. Pertanto, osserva Marmann, Otto riassume in maniera del tutto appropriata quando afferma che il presupposto della *natura* è il piano, e questa frase vale anche per Ireneo; il problema dell'unione tra *natura* e *gratia* è disinnescato grazie all'*oikonomia*, perché ambedue ne costituiscono, per così dire, solo due momenti. Inoltre, per cogliere la determinazione sia dell'essenza dell'uomo (della *natura*), sia quella della vita divina nella creatura, si usano dei termini che sono automaticamente anche dei concetti relazionali, relativi cioè al progetto salvifico universale del Creatore. Tuttavia, in Tertulliano, poiché *dispositio* non costituisce più necessariamente il presupposto di *natura*, per Marmann si impone la domanda: cosa succede se il piano non è più automaticamente il punto di partenza di ogni riflessione? Come si può concepire *natura* – "senza presupposto" – in quella relazione senza la quale il teologo cristiano non può lavorare con questo concetto? O anche, più precisamente: se *natura* non è più definita dalla sua origine, dalla sua nascita, cioè dal suo essere creata, e pertanto non è più intesa come radicata nell'agire divino, allora la si potrebbe considerare, partendo dal suo scopo, dal suo senso compiuto, mettendola nuovamente in quella relazione? In poche parole: se non è più il quesito "da dove" a determinare in maniera cosciente la direzione contenutistica di *natura*, allora forse potrebbe farlo quello del "per che cosa" e del "a che scopo"?[35]

---

[35] «Alle diese hier summarisch angesprochenen Wurzeln im Werk des Tertullian sind jedoch bei ihm gleichsam noch unter der Erde; denn – und auf diese zu Beginn des Kapitels zur Sprache gebrachte Tatsache ist jetzt, um den richtigen Gesamteindruck zu sichern, zurückzukommen –: er steht ja noch völlig im Bannkreis und unter dem Einfluß der Theologie, die ihm zugewachsen ist. So bleibt nach wie vor – trotz aller Analyse, die das Neue hervorkehrt – wahr, daß der Afrikaner wie in der *imago* –

1.2.2.5. Excursus: la *dispositio* come principio

Per Marmann, a questo punto occorre illustrare brevemente un ulteriore pensiero che si impone alla luce di quanto finora detto e che sarà di grande importanza nella storia dell'assioma; un pensiero che – a differenza di quanto finora esposto – non considera il contributo di Tertulliano all'ombra di una tradizione ormai passata, bensì la espone alla luce degli sviluppi futuri.[36]

Secondo Marmann, dal testo citato riguardante l'unità del Padre in cielo con il Figlio incarnato in terra *in ipsa oikonomia*, Wolfgang Marcus trae una conclusione errata quando afferma che qui si dice che l'economia è il motivo per cui Dio interagisce col mondo in un determinato modo. Così, l'economia diventa veramente il principio del rapporto di Dio con il mondo, del Creatore con il creato. Forse, a pronunciare tale giudizio è il filosofo piuttosto che il teologo, ma non importa; in ogni caso, questa deduzione è falsa, perché tratta solo della Trinità immanente che si apre verso quella economica, collocando cioè l'affermazione di Tertulliano all'interno dell'ordine di *gratia* e non sintetizzando Creatore con Creatore e creato con creato. Alla luce di questa argomentazione, anche la conclusione che Marcus ne trae non è dunque affatto stringente quando afferma che l'economia è un concetto razionale e comprende, pertanto, l'economia

---

similitudo –, so auch in der *oikonomia*–Lehre im Sinne und in der Verlängerung der Aussagen des Eirenaios gesehen werden muß: "In der Periode der Patristik, die durch Irenäus im griechischen Raum, durch Tertullian im lateinischen Raum bezeichnet wird, wird noch ganz klar und eindeutig der göttliche Plan als das "Erste" angesehen, die Natur als das Zweite innerhalb dieses Ersten." "Die Voraussetzung der Natur ist der Plan,"[35] kann deshalb St. Otto treffend zusammenfassen. Und dieser Satz gilt auch für Eirenaios; durch *oikonomia* ist das Problem der Einheit von Natur und Grade, weil beides sozusagen nur zwei Momente in diesem Geschehen sind, entschärft und sowohl die Wesenbestimmung des Menschen (der Natur) als auch die des göttlichen Lebens in der *creatura* werden mit Vokabeln erfaßt, die automatisch Relationsbegriffe sind, – relativ zum allumfassenden Heilsplan des Schöpfers. Aber bei Tertullian drängt sich schon die Frage auf, da *natura* nich mehr so notwendig ihre Voraussetzung in der *dispositio* hat, : Wie ist es, wenn man nicht mehr selbstverständlich vom Plan her denkt? Wie ist *natura* – "voraussetzungslos" – in der Relation zu denken, ohne die der christliche Theologe mit diesem Begriff nicht operieren kann? oder, sei die Frage präzisiert, : wenn *natura* nicht mehr von ihrem Herkommen, ihrer Entstehung, das heißt ihrem Erschaffensein, her definiert und so in Gottes Tat verankert begriffen wird, – kann es möglich sein, sie gleichsam von ihrem Ziel her, von ihrer Sinnerfüllung her wieder in Relation zu sehen? Mit einem Wort: wenn das "Woher" nicht mehr reflexiv bewußt die Aussagerichtung von *natura* führt, vielleicht das "Wozu" und "Wofür"?» (*Ib.*, 62).

[36] «An dieser Stelle ist noch ein Gedanke festzuhalten, der sich nach dem Bisherigen aufdrängt und in der Geschichte des Axioms "Die Gnade setzt die Natur voraus" große Bedeutung erlangen wird, – ein Gedanke, der nicht wie das seither Erhobene im Schatten der vergangenen Tradition den Beitrag Tertullians sieht, sondern mehr aus der Sicht und im Licht der kommenden Entwicklung» (*Ib.*, 62).

universale esistente nella realtà universale; il rapporto tra Dio e il mondo, tra Creatore e creato.[37]

Ma se mettiamo a confronto anche solo i tre ambiti in cui abbiamo incontrato il concetto di *dispositio*, aggiungendone anche il quarto che riguarda la creazione in sé, ossia che l'uomo è *in bonum dispositus, non a natura bonus*, allora, per Marmann, è giustificato considerare *dispositio* come un concetto chiave, la cui applicazione a ogni modo di essere, cioè all'essere assoluto di Dio e a quello relativo della creatura, è certamente lecita. In tal modo, *dispositio* espone indirettamente l'analogia di ogni forma di essere.[38]

Sembra che Tertulliano usi *oikonomia*, ovvero *dispositio* (o anche *dispensatio*) già come principio stabilito, ad esempio quando esamina l'invio del Figlio nel mondo come espressione della volontà del Padre *in ipsa oikonomia*, oppure quando afferma che è possibile determinare la Trinità in Dio *secundum rationem oikonomiam* (*Adversus Praxean*, 23).[39]

Per Marmann, se si considerano i due aspetti – il primo: *dispositio* riferita alla relazionalità (analoga) di ogni modo di essere; il secondo: l'impiego del termine come un principio – l'uno insieme all'altro, allora si può senz'altro condividere il risultato generale cui giunge Marcus quando afferma che di fronte a qualsiasi soprannaturalismo (Marcione), Tertulliano sottolinea il predominio dell'*oikonomia tou Theo* in quanto predominio dell'agire salvifico di Dio che presuppone l'ordine del creato. Tertulliano

---

[37] «Aus dem zitierten Text über die Einheit des Vaters im Himmel mit dem Mensch gewordenen Sohn auf Erden *in ipsa oikonomia* zieht Marcus einen Schluß, der nicht richtig ist: "Hier wird ausgesagt, daß der Grund dafür, daß Gott es mit der Welt in einer bestimmten Weise zu tun hat, in der Ökonomie liegt. Damit wird die Ökonomie in echter Weise zum Prinzip des Verhältnisses Gottes zur Welt, des Schöpfers zur Schöpfung." Ob hier der Philosoph zu sehr ohne den Theologen urteilt, sei dahingestellt, jedenfalls ist diese Konsequenz falsch, weil hier nur die Öffnung der immanenten zur ökonomischen Trinität angesprochen ist, das heißt die Aussage Tertullians sich nur sozusagen innerhalb der Gnadenordnung hält, und nicht Schöpfer qua Schöpfer und Schöpfung qua Schöpfung zusammenfaßt. Von dieser Argumentation aus ist deshalb auch die daran anschließende zusammenfassende Feststellung nicht stringent gefolgert: "Die Ökonomie ist ein Relationsbegriff und beinhaltet die universale Hausordnung, die in der Gesamtwirklichkeit besteht; das Verhältnis zwischen Gott und Welt, zwischen Schöpfer und Schöpfung."» (*Ib.*, 62-63).

[38] «Aber wenn wir nur die drei Bereiche vergleichen, in denen wir den *dispositio*–Begriff angetroffen haben, und noch den vierten Bereich hinzunehmen, der die geschöpfliche Natur in sich betrifft, und der besagt, daß zum Beispiel der Mensch *in bonum dispositus, non a natura bonus* ist, – dann ist es doch berechtigt, in *dispositio* einen Schlüsselbegriff zu sehen, der in allem Sein, im absoluten Gottes und im relativen des Geschöpfes Verwendung finden darf und so indirekt von der Analogie allen Seins redet» (*Ib.*, 63).

[39] «*Oikonomia*, beziehungsweise *dispositio* (oder auch *dispensatio*) wird anscheinend von Tertullian schon als fester Grundsatz gebraucht, wenn zum Beispiel die Sendung des Sohnes in die Welt als Wille des Vaters *in ipsa oikonomia* erläutert wird, – oder wenn gesagt wird, die Dreiheit in Gott könne bestimmt werden *secundum rationem oikonomiam* (*Adversus Praxean*, 23)» (*Ib.*, 63).

combatte l'ordine spirituale monistico con la classica *analogia entis*. Il concetto di *oikonomia* è l'espressione d'insieme della struttura analogica della realtà intera.[40]

Secondo Marmann, un tale pensiero analogico è quello dell'assioma, così come esso sarà presentato, e per così dire promulgato, in maniera esplicita da Erich Przywara. Se ne avvertono i primi segni già in Tertulliano, così da fissarli in questo piccolo *excursus*. Alla fine del proprio lavoro, Marcus chiude il cerchio riferendosi alla grande opera filosofica di Przywara, affermando che Przywara ha tentato di elaborare una tipologia degli intellettuali dell'analogia, analizzando in maniera più approfondita Platone, Aristotele, Agostino e Tommaso. Alla luce dei risultati emersi nel corso di questo lavoro, possiamo assegnare a Tertulliano, "che lotta in modo caotico", un posto nelle fila di coloro il cui pensiero analogico abbiamo compreso nella sua regolarità strutturale.[41]

1.2.3. La *natura* dell'uomo

È già stata analizzata l'evoluzione della storia dell'assioma in base alla tematica diventata predominante prima in Ireneo, poi anche in Tertulliano. Sono stati esposti solo problemi particolarmente tipici, atti a portare avanti il presente lavoro. Adesso, tuttavia, osserva Marmann, occorre dare un'occhiata al contributo originale di Tertulliano. Come già ripetutamente accennato, tale contributo consiste soprattutto nelle informazioni che egli fornisce sul predicato della nostra frase, considerate spesso la chiave per la comprensione del suo pensiero: *naturam, quam gratia praesupponit*. Poiché, come afferma Otto, la sua affiliazione ai

---

[40] «Nehmen wir beide Aspekte (: erstens *dispositio* bezieht sich auf die (analoge) Relationalität allen Seins, zweitens wird wie ein Prinzip gebraucht) zusammen, dann kann man, wenn auch manche einzelne Argumentation fragwürdig ist, doch dem Gesamtresultat von W. Marcus zustimmen: "Gegenüber jeglichem Supranaturalismus (Marcion) geht es Tertullian um die Herrschaft der *oikonomia tou Theou* als der Herrschaft des die Schöpfungsordnung voraussetzenden Heilshandelns Gottes." "Tertullian bekämpft die monistische Geistordnung mit der klassischen *analogia entis*." "Der *oikonomia*–Begriff ist der umfassende Ausdruck für die Analogiestruktur der gesamten Wirklichkeit."» (*Ib.*, 63).

[41] «Solches Analogiedenken ist das Denken des Axioms, wie es explizit bei Przywara in Erscheinung treten und sozusagen promulgiert werden wird. Erste Anzeichen dafür sind schon hier bei Tertullian zu spüren, die in diesem kleinen Exkurs konserviert werden sollen. – W. Marcus schlägt am Schluß seiner Arbeit den Bogen bis zu dem großen philosophischen Werk E. Przywaras: "Przywara hat versucht, eine Typologie der Analogizitätsdenker aufzustellen und hat daraufhin wenigstens Platon, Aristoteles, Augustin und Thomas einer eingehenderen Analyse unterzogen. Mit den Ergebnissen dieser Arbeit können wir Tertullian – den "chaotisch ringenden Tertullian" (Religionsphilosophie, S. 71, München 1927), wie sich Przywara in Bezug auf Tertullians Analogiewissen ausdrückt – in die Reihe derer hineinstellen, deren Analogiedenken wir in seiner Strukturgesetzlichkeit im Griff haben."» (*Ib.*, 63).

percorsi intellettuali della Stoà emerge con chiarezza nel concetto di *natura*. È un termine che si può senz'altro identificare come parola chiave della sua teologia. Si tratta del rapporto di *natura* con il divino, con il sovrannaturale.[42]

Secondo Marmann, in Tertulliano, il primo teologo a ragionare basandosi anche sulla tradizione latina (filosofica, ovvero pre-cristiana), *natura* è non solo un termine decisivo della propria teologia, ma diventerà un concetto importante per i futuri Padri latini: un concetto centrale filosofico con tutti gli imponderabili, di cui la vita e la filosofia lo hanno caricato nel corso della storia, diventa un termine fondamentale della teologia cristiana. Ben presto, afferma Otto, Tertulliano modifica la definizione razionalistica-monistica della *natura* degli stoici in un'interpretazione incontestabilmente cristiana: la fede cristiana nella creazione e la nozione cristiana di virtù e morale rompono lo schema rigido degli stoici. Per Otto, il tratto fondamentale del concetto di *natura* in Tertulliano è la sua "interpretazione attualistica" di *natura*, essendo il termine "attualistico" usato qui in opposizione alla determinazione ontologica metafisica, immutabile ed eterna. La concettualità attorno a *natura* è per Tertulliano un mezzo con cui rilevare la situazione dell'uomo sotto il profilo della storia della salvezza. Per Marmann, questa interpretazione dovrebbe essere sufficiente per un primo orientamento; tuttavia, ci si deve chiedere se renda completa giustizia all'opera del *magister*. Ma qui, osserva Marmann, non è nostra intenzione presentare in generale il concetto di *natura*, bensì di considerarlo solo alla luce dell'assioma.[43]

---

[42] «Die Weiterentwicklung in der Geschichte des Axioms ist in den vorausgehenden Kapiteln anhand der Thematik, die von Eirenaios her auch für Tertullian beherrschend geworden ist, untersucht worden. Nur besonders typische Problemkreise wurden herausgegriffen, die den Gang dieser Arbeit weiterführen konnten. – Jetzt muß mehr der originelle Beitrag Tertullians ins Auge gefaßt werden. Wie schon oft angedeutet, liegt er vor allem in der Auskunft über das Prädikat unseres Satzes, das meistens als der Schlüssel zu ihm bezeichnet wird: *naturae, quae gratia praesupponit*. Denn, sagt St. Otto: "Seine enge Anlehnung an die Gedankengänge der Stoa erkennen wir deutlich an der Begrifflichkeit *natura*. Dieses Wort kann man nahezu als Schlüsselwort seiner Theologie bezeichnen. Es geht um die Beziehung der *natura* zum Göttlichen, zum "Übernatürlichen"."» (*Ib.*, 64).

[43] «Bei Tertullian, dem ersten Theologen, der auch aus lateinischer (philosophischer, beziehungsweise vorchristlicher) Tradition denkt, wird *natura* nicht nur zu einem entscheidenden Terminus seiner Theologie, sondern auch zu einem wichtigen Begriff der kommenden lateinischen Väter: ein philosophischer Zentralbegriff mit allen Imponderabilien, die Leben und Philosophie in der Geschichte daran gehängt, wird zu einem Kernwort der christlichen Theologie. "Das rationalistisch–monistische Naturverständnis der Stoiker wird allerdings von Tertullian sehr schnell umgewandelt in ein unbestritten christliches: der christliche Schöpfungsglaube und die christliche Auffassung von Tugend und Sittlichkeit durchbrechen das starre Schema der Stoiker." Den "Grundzug des tertullianischen Naturbegriffes" nennt

Attenendosi alla "dottrina dell'anima stoica-neoplatonica", come afferma Stoeckle, Tertulliano, alla ricerca di un termine esatto per descrivere il destinatario del *pneuma* divino, formula ciò che si descriverebbe oggi con "nucleo della persona", cioè il *principale cordis, ad quem Deus respicit.* Tuttavia, essendo un intellettuale realistico, egli non disconosce – e questo fa già parte della corrente veramente nuova nella sua affermazione teologica – il fatto che *bonum, illud principale, illud divinum atque germanum et proprie naturale* (*De anima*, 41,7) non è un semplice visibile dato di fatto (ma è percepibile nel modo in cui sono ordinati i nostri peccati e la croce). Pertanto, il suo pensiero giunge a due conseguenze che sono di maggiore importanza per una genuina comprensione di *natura* nel senso del nostro assioma. Anzitutto, un duplice concetto di *natura*, la distinzione tra *rationale* e *irrationale*, ovvero tra *natura* e *natura adultera*; secondo, e ciò sembra contraddire la suddetta tesi di Otto, *natura* come "essenza".[44]

1.2.3.1. Prima e seconda *natura*

Per Otto, l'identificazione del *naturale* con il *rationale* costituisce il principio di base dell'interpretazione di *natura* da parte di Tertulliano. In un primo momento (*a primordio*), osserva Marmann, solo il *rationale* è *natura*; *irrationale posterius intelligendum est.* Poiché anche quell'*irrationale* è tradotto con il termine *natura*, è evidente che

---

Otto sein "aktualistisches Naturverständnis"; aktualistisch hier verstanden im Gegensatz zur metaphysischen, sozusagen unveränderlich–ewigen Wesensbestimmung. "Die Begrifflichkeit *natura* ist für Tertullian ein Mittel, die heilsgeschichtliche Situation des Menschen zu erfassen." Diese Interpretation soll zu einer ersten Orientierung genügen. Es ist zu fragen, ob sie in allem dem Werk des *magisters* gerecht wird. Heir soll nun nicht allgemein der Naturbegriff vorgestellt werden, sondern nur unter der Rücksicht des Axioms» (*Ib.*, 64).

[44] «In Anlehnung an "die stoisch–neuplatonische Seelenlehre", auf der Suche nach dem exakten Ausdruck für den Adressaten des göttlichen Pneuma, formuliert Tertullian das, was heutzutage etwa mit "Personkern" gemeint ist, das *prinzipale cordis, ad quem Deus respicit.* Aber in seinem realistischen Denken verkennt er nicht – und das gehört schon zum eigentlich Neuen in seiner theologischen Aussage – , daß in der konkreten Situation "jenes Urgute der Seele, jenes göttliche und im eigentlichen Sinne natürlich Gute" nicht ohne weiteres gegeben ist und zum Vorschein kommt (aber in der Weise unserer Sünden– und Kreuzesordnung sich finden kann). Er gelangt deshalb zu zwei Konsequenzen, die für das genuine Verständnis von *natura* im Sinne unseres Axioms von großer Bedeutung sein müssen: Erstens ein doppelter Naturbegriff, die Unterscheidung von "rationale" und "irrationale", beziehungsweise *natura* und *natura adultera*. Zweitens – und das scheint der oben angeführten These St. Ottos zu widersprechen –: Natur als "Wesen"» (*Ib.*, 64).

Tertulliano distingue due tipi di *natura*: *quod non sit ex ea natura, quae a ideo est, sed ex illa, quam diabolus induxit* (*De anima*, 16).[45]

Per Marmann, dalla differenziazione tra *rationale* e *irrationale*, applicata al contenuto del concetto di *natura* si evince il peso che Tertulliano attribuisce alla situazione concreta dell'uomo, posto nella sua storia peccaminosa; per cui, nella determinazione della sua *natura*, ciò che è sostanziale, essenziale, appare come una "prima" e una "seconda" *natura* in una parola. È vero, osserva Marmann, che da questa duplicità Tertulliano non sembra trarre alcuna conseguenza che rimandi immediatamente all'assioma, ma la delimitazione – anche in senso teologico – di *natura* nei confronti della filosofia predominante costituisce una premessa importante per la corretta comprensione di *natura* nell'assioma.[46]

1.2.3.2. Metafisica dell'uomo

Sforzandosi di cogliere in maniera univoca l'essere naturale dell'uomo e di raggiungere al di là di ogni realismo cristiano una nitidezza filosofica e dei concetti, Tertulliano, nel precisare *natura*, compie un ulteriore passo riguardante l'uso successivo del termine, ed estende il concetto fin dentro l'ambito ontologico (*Itaque concludimus omnia naturalia animae ut substantiva eius ipse inesse*, *De anima*, 20,1). Secondo Marmann, tra queste *naturalia* è da annoverare, in primo luogo, il libero arbitrio (*Per illud, quod substantiae accessit, id est per liberum arbitrium*, *Adversus Marcionem*, II,10). Di tali testi, osserva Marmann, ce ne sono vari: essi dimostrano come già a partire dei primi usi del termine *natura* nella teologia cristiana – orientata in un primo momento in base ai dati relativi alla storia della salvezza quali stato primordiale, *imago*, progetto

---

[45] «"Mit der Identifizierung des "naturale" mit dem "rationale" ist das Grundprinzip des tertullianischen Naturverständnissen gegeben." Ursprünglich ist nur das "rationale" *natura* (*a primordio*), *irrationale posterius intelligendum est*. Da auch dies irrationale mit *natura* wiedergegeben wird, unterscheidet Tertullian also zweierlei Natur: die von Gott herkommende und: "die der Diabolus eingeführt hat"» (*Ib.*, 65).

[46] «Mit der Differenzierung der Inhaltsbestimmung des Naturbegriffs als "rationale" und "irrationale" wird ersichtlich, wie sehr Tertullian die konkrete Situation des Menschen in sündiger Geschichte im Blick hat, sodaß in der Bestimmung seiner "Natur" das Substantiell–Wesentliche und das in Sünde gewordenen, wie eine erste und eine zweite Natur in einem Wort erscheint. Zwar wird, soweit ich sehen kann, aus dieser Doppellung keine Konsequenz gezogen, die sofort auf das Axiom verweist, aber die auch theologische Abgrenzung von Natur –: gegen die herrschende Philosophie – ist eine wichtige Voraussetzung für das richtige *natura*–Verständnis im Axiom» (*Ib.*, 65).

divino, provvidenza, creazione etc. – si sia mantenuto il contenuto filosofico, di modo che *natura* può significare "essenza".[47]

Per Marmann, sotto l'aspetto di un'ulteriore delimitazione del concetto filosofico e teologico di *natura* si potrà concordare con Otto quando afferma che la *natura* non è affatto vista come chiave per un ordine ontologico, con limiti che siano riconoscibili per un intelletto razionale e filosofico, come un ordine messo a confronto – per non dire in opposizione – ad un altro ordine ontologico sovrannaturale. Ma per caratterizzare la posizione di Tertulliano con esattezza occorre sottolineare che la sua definizione di *natura* non è affatto priva di ragionevolezza filosofica, e che trascende di gran lunga la denominazione dell'*humanum* nella sua accezione concreta e storica.[48]

Secondo Marmann, nonostante ciò, la "metafisica" di Tertulliano appare spesso contraddittoria, non omogenea per quanto riguarda la terminologia, perché, come afferma Ratzinger, anche il concetto ontologico è qui ancora agli inizi. L'ente è ciò che è tangibile e reale. In un primo momento, osserva Marmann, Ratzinger rinvia al significato di *natura* sotto il profilo della storia della salvezza, per poi osservare che del resto Tertulliano usa il termine *natura* in un duplice senso; quel che manca è il concetto analogico, la consapevolezza dell'unità relazionale di ciò che è essenzialmente diverso.[49]

---

[47] «Im Bemühen, das natürliche Sein des Menschen klar zu erfassen und neben allem christlichen Realismus auch philosophisch–begriffliche Klarheit zu erreichen, kommt Tertullian in der Richtung auf den späteren Gebrauch des Wortes noch einen Schritt weiter, indem er *natura* ins Ontologische präzisiert: *itaque concludimus omnia naturalia animae ut substantiva eius ipsi inesse* (*De Anima*, 20,1). Zu diesen *naturalia* gehört an erster Stelle der freie Wille, vgl. *Adversus Marcionem*, II,10: *...per illud, quod substantiae accessit, id est per liberum arbitrium.* Solche Texte können vermehrt werden; sie zeigen, wie schon zu Beginn der Verwendung von *natura* in der christlichen Theologie – zuerst an heilsgeschichtlichen "Daten" orientiert, wie Urstand, Ebenbild, Gottes Plan und Vorsehung, Schöpfung etc. – sich auch der philosophische Inhalt durchhält, sodaß *natura* Wesen bedeuten kann» (*Ib.*, 65).

[48] «Unter dem Aspekt einer letzten Abgrenzung von philosophischem und theologischem Naturbegriff wird man zwar St. Otto zustimmen können, wenn er sagt: "Die Natur wird keineswegs als Schlüssel zu einer Wesensordnung gesehen, deren Grenzen dem vernünftig–philosophischen Denken erkennbar wären, und die einer anderen, übernatürlichen Wesensordnung gegenübergestellt – um nicht zu sagen entgegengestellt – wäre."; aber um die Position Tertullians exakt zu kennzeichnen, muß doch mit Entschiedenheit behauptet werden, daß seine Definition von Natur nicht ohne philosophische Vernunft gegeben wurde und über die Benennung des konkret–geschichtlichen Humanum hinausgeht» (*Ib.*, 65).

[49] «Dennoch erscheint die "Metaphysik" Tertullians oft widersprüchlich, beziehungsweise uneinheitlich in der Terminologie. "Denn auch der Seinsbegriff steckt hier noch in den Kinderschuhen. Seiend ist eben das Greifbar–Wirkliche." Ratzinger verweist zuerst auf die (un)heilsgeschichtliche Bedeutung von *natura*; dann aber bemerkt er: "Das Wort *natura* verwendet Tertullian übrigens in einem doppelten Sinn, einmal in dem hier vorkommenden, vgl. dazu de pud. 1; in unserem heutigen Sinn und demnach als positive Wirklichkeit der gemeinsamen Hinordnung auch der Heiden auf Gott in de virg. vel. 16 (u. a.)".

Tuttavia, osserva Marmann, anche se non esiste ancora il vero concetto di analogia, Tertulliano usa già – in maniera conscia o inconscia – molti termini analoghi, termini cioè capaci di esprimere l'analogia dell'essere insieme ai suoi vari significati. A questo primo livello del pensiero filosofico-teologico – o ad ogni modo in quella corrente che Tertulliano cominciò a plasmare in maniera decisiva – non esiste ancora alcuna concettualità della filosofia cristiana, non esiste alcuna *analogia entis*, ma si avverte già una prima consapevolezza del fatto.[50]

Ciò non vale soltanto per concetti quali *dispositio* o *corpus*, termini dunque che esprimono dichiarazioni *in ordine essendi* sia sull'essere di Dio sia su quello dell'uomo; più in avanti, osserva Marmann, riprenderemo il concetto di *ratio*: un termine che sembrerebbe portare (almeno tenuto conto della tradizione stoica) *natura* come complemento, perché Essere significa il fisico che coincide con il *Logos*, la viva divinità che dirige tutto e che determina anche il genere umano. In ogni caso, si capisce quanto Tertulliano sia ormai vicino a superare il mondo intellettuale della Stoà dall'interno e come *natura* possa diventare il termine filosofico per descrivere la realtà creaturale (nel suo essere non-divino). Per Marmann, le parole che rimandano nel senso dell'*analogia entis*, sia a Dio sia all'uomo, provengono direttamente o indirettamente dalla tradizione cristiana e dal mondo del personale. Nella teologia di Tertulliano, invece, fisico-*natura* non è associabile al divino, e se il concetto di *natura* è applicato a Dio si sposta la determinazione del contenuto per essere ripresa soltanto nel significato di "sostanza". In questo modo, per l'influenza del pensiero cristiano nel concetto di "essere", il concetto di essere Dio si è separato da quello di essere creatura; un processo in cui l'abbozzo (falso) del pensiero non cristiano è tanto accettato presupposto (*praesupponit*) quanto è criticato (*non destruit*) dalla Rivelazione e dalla teologia, e trasportato (*elevat*) fin nelle vere coordinate del piano divino della creazione.[51]

Hierzu läßt sich wieder anmerken, wie schon kurz zuvor geschehen: "Es fehlt der Analogiebegriff, das Wissen um die Verhältniseinheit des Wesensverschiedenen."» (*Ib.*, 65-66).

[50] «Jedoch – oben anhand des *oikonomia*–Begriffes wurde es bereits untersucht –: gibt es auch noch nicht den Analogie–Begriff, so gibt es bei Tertullian doch schon (bewußt, unbewußt) viele analoge Begriffe, das heißt Begriffe, die die Analogie des Seins in ihrer Bedeutungsschwankungen mitauszudrücken vermögen. In dieser frühen Stufe des philosophisch–theologischen Denkens – jedenfalls in dem Typ, den Tertullian entscheidend zu prägen begann – gibt es noch nicht die Begrifflichkeit christlicher Philosophie, *analogia entis*, aber es gibt schon den wachen Sinn für die Sache» (*Ib.*, 66).

[51] «Dies ist nicht nur zu sagen über Begriffe wie *dispositio*, *corpus*, die also *in ordine essendi* Aussagen machen gleichermaßen über das Sein Gottes wie das der Menschen; weiter unten wird analog noch von

Secondo Marmann è degno di nota il fatto che Tertulliano possa parlare della *natura* di Dio indicando, al contempo, "essenza" come significato (del resto non separabile affatto da quel termine). Scrive, infatti, Tertulliano: *Sed nihil deo par est; natura eius ab omnium rerum condicione distat* (*De carne Christi*, 3). Un'affermazione da cui si evince come il filosofo, che è anche teologo, impieghi il proprio materiale concettistico per veicolare un senso analogo, trasponendo dei concetti teologici nel pensiero filosofico (come nel caso di *dispositio*) e viceversa, servendosi di termini filosofici nella teologia (come ad esempio *natura*).[52]

A tal proposito, Marmann accenna – brevemente, poiché per Tertulliano è di importanza secondaria – a un'affermazione metafisica già riscontrata in Ireneo (ma sarà solo Przywara, nel consolidare il contenuto dell'assioma, a rilevarne l'importanza dovuta). Tertulliano sottolinea la differenza decisiva tra l'essere divino e quello dell'uomo, quando scrive: *Atque ita quod natum factumque constiterit, eius natura capiet demutationem; quod autem est infectum immobile stabit* (*De anima*, 21). A parte la provenienza probabilmente greca-filosofica di quel Dio "immobile" (*a-kineton*), si ricava qui l'immutabilità di Dio – come in Ireneo *Adversus Haereses*, IV,38,1 – dal concetto di Creatore, cioè dall'idea del non creato. L'essere di Dio è immutabilità; l'essere dell'uomo è mutabilità. Questa differenziazione tende già ad abbracciare l'elemento che collega l'essere di Dio a quello della creatura, poiché l'essere

---

ratio die Rede sein (vgl.: Das Axiom in der Bewußseinsordnung) – ein Begriff, der (jedenfalls von der stoischen Tradition her) als Komplement *natura* erwarten ließe; denn = "Sein ist die Physis, mit der der *Logos*, die lebendige, alles lenkende und auch das Menschengeschlecht bestimmende Gottheit zusammenfällt" (LThK², IX, 1089). Aber hier wird deutlich, wie sehr schon Tertullian daran ist, die Gedankenwelt der Stoa von inner her zu überwinden, und wie schon *natura* zum philosophischen Begriff für die geschöpfliche Wirklichkeit (in ihrem – nicht göttlichen – Sein) wird. Die Worte, die gleicherweise auf Gott und Mensch sich beziehen im Sinne der Analogie des Seins, stammen – direkt oder indirekt – aus der christlichen Tradition und der Welt des Personalen. *Physis – natura* hingegen ist in der Theologie Tertullians nicht göttlich – und wenn *natura* auf Gott angewandt ist, verschiebt sich die inhaltliche Bestimmung und wird nur, wie auch sonst schon angemerkt, in ihrer "Substanz"–Bedeutung genommen. So hat sich aus der Philosophie, im "Seins"–Begriff, durch den Einfluß christlichen Denkens das Gott–Sein vom Geschöpf–Sein herausgelöst – ein Vorgang, in dem der (falsche) Vorentwurf des nichtchristlichen Denkens ebenso anerkannt, vorausgesetzt (*praesupponit*) ist, wie er durch Offenbarung und Theologie kritisiert (*non destruit*) und in die wahren Koordinaten des Schöpfungsplanes transponiert (*elevat*) wird» (*Ib.*, 66).

[52] «Es ist ja schon bemerkenswert, daß Tertullian von der *natura* Gottes sprechen kann und auch darin die Bedeutungsrichtung zu "Wesen" anzeigt (die im übrigen von diesem Wort als solchem gar nicht getrennt werden kann): *sed nihil deo par est; natura eius ab omnium rerum condicione distat* (*De carne Christi*, 3), eine Aussage, die deutlich macht, wie sehr der Philosoph, der Theologe ist, mit seinem Begriffsmaterial analogisch verfährt, – sei es, daß theologische Begriffe ins philosophische Denken (wie zum Beispiel bei *dispositio*), sei es, daß philosophische Begriffe in der Theologie gebraucht werden (wie zum Beispiel *natura*)» (*Ib.*, 66).

contingente è mutabile soltanto nei confronti dell'immobile, dell'Assoluto, includendo quindi una costituzione ontologica del *natum factumque*. Per Marmann, è per via della cosiddetta corporalità di Dio (*Spiritus enim corpus sui generis sua effigie*, *Adversus Praxean*, 7) che Tertulliano concepisce l'analogia quando sostiene che, come afferma Marcus, Dio e le cose create si incontrano nel fatto che sono di sostanza, ma si distinguono per il fatto che Dio, in quanto spirito, è esclusivamente *corpus sui generis*. In quell'idea di *corpus*, Tertulliano quindi esemplifica l'insieme di Dio e creazione.[53]

Marcus, che nella propria *Analogia oikonomiae* attribuisce particolare importanza all'idea del *corpus* riferito a Dio e alla creazione, nonché alla "struttura stratificata" ivi nascosta, arriva alla seguente conclusione affermando che il concetto di *corpus* di Tertulliano è l'espressione dell'analogicità dell'intera realtà sostanziale.[54]

Per Marmann, è fuor di dubbio che Tertulliano abbia concepito Dio come sostanza. Infatti, il concetto di *corpus* sembra documentare più l'incapacità del pensiero analogico che la sua documentazione. Tuttavia – sommando queste riflessioni a quelle vertenti sul concetto di *dispositio* – è possibile verificare il tentativo, sebbene agli inizi e alquanto ridotto, di concepire come unità relazionale ciò che è essenzialmente diverso.[55]

---

[53] «In diesem Zusammenhang sei – nur exkursartig, da für Tertullian sekundär – auf eine metaphysische Aussage hingewiesen, die auch schon bei Eirenaios begegnete (und die erst bei der Fundierung des Axiomgehaltes durch Przywara ihr volles Gewicht erhalten wird). Tertullian bringt den entscheidenden Unterschied zwischen dem Sein Gottes und dem Sein des Menschen: *atque ita quod natum factumque constiterit, eius natura capiet demutationem; quod autem et infectum immobile stabit* (*De anima*, 21). Einmal abgesehen von der vermutlich griechisch–philosophischen Herkunft dieses "immobilen" Gottes, des *a–kineton*, ist hier die Unveränderlichkeit Gottes – wie bei Eirenaios, *Adversus haereses*, IV,38,1 – vom Schöpferbegriff, das heißt als Unerschaffensein, genommen. Gottes Sein = Unveränderlichkeit, menschliches Sein = Veränderlichkeit; in dieser Differenzierung ist ja ausgegriffen nach dem Verbindenden im Sein Gottes und des Geschöpfes, da das kontingente Sein nur mutabile gegenüber dem immobile des Absoluten ist und so eine seinshafte Gründung des *natum factumque* einschließt. Durch die sogenannte Körperlichkeit Gottes, dessen *spiritus enim corpus sui generis sua effigie* (*Adversus Praxean*, 7) ist, denkt Tertullian die Analogie: "denn um nichts anderes geht es ihm, wenn er sagt, Gott und die geschaffenen Dinge treffen sich darin, daß sie stofflich sind, unterscheiden sich aber dadurch, daß Gott als Geist nur *corpus sui generis* ist. Im corpus–Gedanken verdeutlicht Tertullian also das Zusammen von Gott und Schöpfung"» (*Ib.*, 66-67).

[54] «W. Marcus, der in seiner *Analogia oikonomiae* dem *corpus*–Gedanken in Gott und Schöpfung und der darin verborgenen "Schichtenstruktur des Seins" eine entscheidende Bedeutung zuschreibt, kommt zu dem Ergebnis: "Der Korpusbegriff Tertullians ist der Ausdruck für die Analogizität der gesamten substantiellen Wirklichkeit" (ebd.)» (*Ib.*, 67).

[55] «Nun ist nicht zu bestreiten, daß Tertullian Gott stofflich gedacht hat, sodaß der Korpusbegriff sozusagen mehr das Unvermögen des Analogiedenkens dokumentiert als seine Dokumentierung. Aber – wenn wir diese Überlegungen vereinigen mit denen über den *dispositio*–Begriff – läßt sich doch der, wenn auch sehr anfängliche, Versuch verifizieren, das Wesensverschiedene in Verhältniseinheit zu denken» (*Ib.*, 67).

Per concludere si può dire ancora una volta che Tertulliano, nonostante scopra e comunichi molteplici approcci nuovi, non riesce a spingersi fino alla contemplazione di un'esistenza di fede che comprenda l'intera realtà salvifica, né quantomeno ad analizzarla. Ciononostante, la sua comprensione dell'*humanum naturale* deve essere riconosciuta come uno degli elementi che hanno condizionato lo sviluppo successivo: come descrizione più esatta del *suppositum* che la vita è conferita da Dio.[56]

1.2.4. *Natura* e l'assioma

1.2.4.1. Nell'ordine ontologico

Nonostante tutte le riserve che l'interprete deve nutrire nell'osservare l'incompiuta struttura intellettuale nell'opera di Tertulliano, è tuttavia verificabile che pensare nel senso dell'assioma acquisisce grande importanza proprio a causa del nuovo concetto di *natura* appena elaborato. In contesti assai diversi si trovano delle formulazioni che sono riconducibili al *gratia praesupponit naturam*, ovvero interpretabili in tal senso. Per Marmann, tali formulazioni potrebbero essere riferite all'ambito: a) personale; b) sacramentale; c) reale.[57]

1.2.4.1.1. L'uomo e la gratia

Poiché Tertulliano dà molta importanza alla realtà propria di ciò che è creaturale e umano, la libertà, il potere cioè del libero arbitrio si riveste anch'esso di un particolare significato ed entra in "concorrenza" all'agire salvifico di Dio nei confronti dell'uomo. Per Marmann, questo problema, infatti, si presenta costringendo Tertulliano a ribadire la priorità e il potente significato della *gratia* di cui postula – certamente condizionato anche dall'applicazione essenziale di *natura* – pure l'agire all'interno di una

[56] «Abschließend läßt sich wieder nur sagen, daß Tertullian zwar vielfältig Neuansätze findet und vermittelt, aber zu einer, die gesamte Heilswirklichkeit einholenden, Betrachtung und Analyse gläubiger Existenz nicht vorstößt. Dennoch muß seine Einsicht in das *humanum naturale* als das gewürdigt werden, das die folgende Entwicklung mitbedingt hat: als exaktere Beschreibung des *suppositums*, das die Lebensvermittlung von Gott her voraussetzt. Über solche Rudimente des Axioms, und damit die Konkretisierung des Naturbegriffs, ist in einem letzten Abschnitt zu handeln» (*Ib.*, 67).

[57] «Trotz aller Vorbehalte, die das unabgeschlossene Denkgebäude im Werk Tertullians dem Interpreten auferlegt, laßt sich aufweisen, daß ein Denken im Sinne des Axioms gerade durch den neuerschlossenen Natur–Begriff eine große Rolle spielt. In sehr differenten Zusammenhängen finden sich Formulierungen, die von *gratia praesupponit naturam* her zu verstehen, beziehungsweise daraufhin zu deuten sind. – Um bei der im Kapitel über die nachapostolischen Autoren vorgenommenen Einteilung zu bleiben, könnte man sie a) der personalen, b) der sakramentalen und c) der realen Zone zuweisen» (*Ib.*, 67-68).

realtà propria. Scrive Tertulliano: *Haec erit vis divinae gratiae, potentior utique natura, habes in nobis subiacentem sibi liberi arbitrii potestatem, quod* αυτεξουσιον *dicitur; quae cum sit et ipse naturalis atque mutabilis, quoquo veritir, natura convertitur* (*De anima*, 21,6). La *natura* è mutabile (*Absolutum est [...] omnium factorum convertibilem et demutabilem esse naturam*, *De anima*, 21) e può quindi essere investita e convertita dalla *gratia*. È proprio nel libero arbitrio dell'uomo, e dunque nella *potestas* conferitagli, che la *gratia* divina dimostra il proprio potere maggiore. Anche qui *natura* non è solo quella *a primordio*, ma anche quella nella condizione del peccato contro cui Dio e il Suo agire si devono affermare "modificando" e quindi trasformandola, qualora l'uomo libero lo volesse; per questo la *gratia* è da intendersi, come sottolinea Johannes Beumer, piuttosto nel senso della *gratia sanans*, atta cioè a potenziare la forza morale dell'uomo. Per Marmann, a questa interpretazione si associa Karl Adam nel suo saggio sulla pneumatologia nel Pastore di Erma e Tertulliano, quando afferma che, mentre Tertulliano era propenso ad applicare il concetto di *gratia* alla *gratia* divina in genere, e all'assistenza della *gratia* nel realizzare e consolidare l'uomo, naturalmente buono per descrivere il principio vitale nuovo sovrannaturale dei cristiani giustificati, usava esclusivamente il termine *spiritus*, vuol dire *Spiritus Sanctus*. Esattamente come in *Erma* questo "spirito" è da intendersi esclusivamente come entità personale; esso diventerà il "Paracleto" dell'epoca montanistica".[58]

[58] «De Tertullian sehr Eigenwirklichkeit des Kreatürlich–Menschlichen betont, muß die Freiheit, das heißt die Macht des freien Willens eine besondere Betonung erhalten und in "Konkurrenz" geraten zum Gnadenhandeln Gottes am und im Menschen. In der Tat stellt sich das Problem – zwingt zur Herausstellung der Priorität und mächtigen Bedeutung der Gnade, die er – mitbedingt durch die essentielle Verwendung von *natura* – schon ebenfalls in ihrer Eigenwirklichkeit sich verhalten laßt. In *De anima*, 21,6 sagt er: "So wird die Kraft der göttlichen Gnade sein, mächtiger als die Natur, da sie in uns die Macht hat, sich den freien Willen zu unterwerfen, der ein Eigenvermögen (*autexousion*) genannt wird...". Die Natur ist (ver)wandelbar (*De anima*, 21: *Absolutum est... omnium factorum convertibilem et demutabilem esse naturam*), – so kann sie von der Gnade erfaßt und verändert werden. Gerade im freien Willen des Menschen, also seiner ihm gegebenen *potestas*, erweist die göttliche Gnade ihre größere Macht. – *Natura* ist auch hier nicht nur die *a primorido*, sondern diese auch schon in ihrer Sündigkeit, gegen die sich, "verändernd", also verwandelnd Gott und sein Wirken durchsetzen muß, wenn der freie Mensch will; deswegen ist Gnade, wie J. Beumer hervorhebt, mehr im Sinne der *gratia sanans*, das heißt die sittliche Kraft des Menschen stärkend, gemeint. Dieser Auffassung sekundiert K. Adam in seinem Aufsatz über die Pneumatologie bei Hermas und Tertulian; ist auch die Eintragung scholastischer Ausdrucksweise – eben Eintragung, ist doch wohl der Sache nach die Aussage des Karthagers getroffen: "Während er den Begriff *gratia* gerne auf die Gnädigkeit Gottes überhaupt bezog (vgl. *Apol.* c. 21: *gratia apud deum*; c. 17 *quot privilegia gratiae*) und auf die hieraus fließende Gnadenhilfe beim Auf– und Ausbau des natürlichen guten Menschen (*De or.* 29,23; *De Pal.* 1,6; *Ad ux.* 1.II,2; *De monog.* 7; *De iei.* 7), bezeichnete er das neue, übernatürliche Lebensprinzip der gerechtfertigten Christen ausschließlich mit

Come è stato dimostrato nel sistema di Ireneo, la dottrina dello Spirito Santo aveva occupato una posizione dominante tra le linee dirette verso l'assioma. Non è così in Tertulliano. È vero che vi si trovano delle affermazioni simili a quelle di Ireneo – l'uomo, ovvero il cristiano è la casa e il tempio dello Spirito Santo –, ma è evidente che è venuta meno l'importanza attribuita all'attività dello Spirito per la crescita della creatura spirituale verso la perfezione. Così, nell'*Apologeticum* riscontriamo certe qualità di Cristo che sono attribuite anche, e in particolar modo, allo Spirito Santo. Dopo aver parlato del trasferimento della *gratia* (e ben inteso non della "effusione" dello Spirito Santo) che si verificherà negli ultimi tempi, Tertulliano afferma: "Venne dunque Colui che era stato preannunciato da Dio a rinnovare e illustrare la legge, cioè Cristo, il Figlio di Dio. Egli, Signore e maestro di questa grazia e di questa legge, luce e guida del genere umano era stato annunziato come Figlio di Dio" (*Apologeticum*, 21).[59]

Lo spirito divino, invece, sembra essere ormai soltanto quello inerente, forse a seguito di una maggiore concentrazione sulla cristologia. Ciò è evidente nei testi sul battesimo, il quale del resto è di un certo interesse per il nostro sguardo sull'assioma. Si parla della differenza tra battesimo con l'acqua e battesimo di Spirito Santo; con la prima l'uomo deve essere purificato dai peccati, ovvero la *natura* deve essere purificata dai difetti della *retro natura* come premessa necessaria per l'avvento dello Spirito Santo. Nel *De baptismo*, 6 Tertulliano afferma: "Non è che otteniamo lo Spirito Santo nell'acqua, ma veniamo purificati nell'acqua sotto l'Angelo, predisposti per lo Spirito Santo [...]. In questo modo l'Angelo battista (*angelus baptismi arbiter*) prepara la strada per lo Spirito

---

Spiritus, das heißt *Spiritus Sanctus*. Vg. *De pud.* c. 6; *De paen.* c. 2. Dieser "Geist" ist ebenso wie bei Hermas durchwegs persönlich gefaßt, in der montanistischen Zeit wird er der "Parakle"."» (*Ib.*, 68).

[59] «Die Lehre vom Heiligen Geist hat, wie gezeigt worden ist, im System des Eirenaios einen beherrschenden Platz innerhalb der Linien, die auf das Axiom weisen, eigenommen. Nicht so bei Tertullian. Es finden sich zwar ähnliche Aussagen wie bei ersterem: der Mensch, das heißt der Christ, ist Haus, Tempel des Heiligen Geistes, – aber es fällt auf, daß nicht mehr in dem Ausmaß und der Deutlichkeit die Tätigkeit des Geistes im Wachstum des Geistgeschöpfes zur Vollkommenheit gesehen und gewertet wird. So lesen wir im *Apologeticum* von der Zuneigung von Attributen an Christus, die besonders auch dem Heiligen Geist zugeeignet wurden. Nachdem zuvor von der Übertragung der Gnade (also nicht etwa vom "Ausgießen", beziehungsweise "Erfülltwerden" mit dem Heiligen Geist) in den letzten Zeiten gesprochen war ("und zwar eine reichlichere Gnade wegen des Reichtums des erhabenen Lehrsystems (!)"), sagt Tertullian: "Es kam also derjenige, der nach Gottes Vorherverkündigung kommen sollte, um die Lehre zu erneuern und ins Licht zu stellen, Christus nämlich, der Sohn Gottes. Er, der Herr und Meister dieser Gnade und Lehre, der Erleuchter und Führer des Menschengeschlechtes, wurde als der Sohn Gottes angekündigt." (*Apologeticum*, 21)» (*Ib.*, 68-69).

Santo che viene con il lavaggio dei peccati". In questa sede, osserva Marmann, non è possibile esaminare né il significato né la verità di questioni vertenti sulla provenienza di tale dottrina battesimale (e lo stesso vale per quanto riguarda la tradizione dell'Angelo e della sua funzione); quel che interessa è esporre l'inerenza dello Spirito Santo in relazione al *gratia praesupponit naturam*, così come si presenta nel pensiero di Tertulliano. Una citazione tratta dal *De poenitentia*, 2 ripete e specifica la dottrina modificata dell'Africano (il fatto che dall'operato personale storico del *pneuma* Tertulliano arrivi alla realtà sacramentale ecclesiologica della *gratia* costituisce non già un nuovo *kerygma*, ma di certo apporta un notevole spostamento dell'accento); per Marmann, come in un'istantanea, tale citazione illustra il passo dalla contemplazione dell'esistenza cristiana basata sulla storia della salvezza verso quella teologica metafisica. Scrive Tertulliano: "Nonostante egli promise subito la Sua grazia in modo da illuminare la terra negli ultimi tempi, con il suo Spirito volle che il sacro lavacro della penitenza precedesse l'altro, perché con tale segno sacro si trovassero già in stato di grazia coloro che Egli chiamava alle promesse fatte alla stirpe di Abramo. Giovanni non tace su questo; egli esclama: "Fate penitenza, perché la salvezza delle genti è vicina". È il Signore che la porta secondo la promessa di Dio. E Giovanni, intendendo intimamente il volere divino e volendolo eseguire dispose il principio della penitenza, perché quanto un antico errore avesse potuto nell'animo falsare e guastare; quello che nel cuore dell'uomo potesse essere stato dall'ignoranza contaminato e corrotto, tutto questo la penitenza identificasse, raschiasse e gettasse via preparando l'animo come una dimora accogliente per lo Spirito Santo che viene, dove possa fermarsi in letizia, con tutti i suoi beni celesti".[60]

---

[60] «Dagegen scheint der Gottesgeist – vielleicht infolge einer stärkeren Konzentrierung auf die Christologie – nur mehr der innewohnende zu sein, wie oben schon im K. Adam–Zitat angesagt. Das wird deutlich in Texten über die Taufe, die im übrigen im Blick auf das Axiom hier von Interesse ist. Es ist die Rede vom Unterschied zwischen Wasser- und Geisttaufe, da der Mensch durch erstere von Sünden gereinigt werden muß, das heißt die *natura* von Makeln der *retro natura* zu befreien ist, damit so die nötige Voraussetzung gegeben ist für den kommenden Heiligen Geist. *De baptismo*, 6: "Nicht, daß wir im Wasser den Heiligen Geist erlangten, sondern wir werden im Wasser unter dem Engel gereinigt, für den Heiligen Geist vorbereitet... Auf diese Weise ebnet auch der Taufengel (*angelus baptismi arbiter*) dem nachkommenden Heiligen Geiste die Wege durch Abwaschung der Vergehungen..." Fragen der Herkunft solcher Tauflehre (etwa auch die Tradition über den Engel und seine Funktion), ihre Bedeutung und Wahrheit können hier nicht erörtert werden; es soll ja nur die Einwohnung des Heiligen Geistes im Zusammenhang mit dem *gratia praesupponit naturam* in Gedankengängen Tertullians erhoben sein. Diesen Text wiederholt und präzisiert auf die gewandelte Lehre des Afrikaners (: von dem personal–

Secondo Marmann, questo passaggio rivela, proprio alla luce dell'approccio biblico e storico, il pensiero analitico discorsivo del latinista, il quale suddivide ciò che nella vita è un unico complesso processo, rinviando già in tal modo ad una sistematica messa in atto successivamente.[61]

Sarebbe utile, osserva Marmann, sottoporre il passaggio ad un'analisi più precisa per riprodurre l'intreccio contenutistico tra *gratia* e *Spiritus Sanctus* che vi si manifesta e che ridirige lo sguardo verso la formulazione dell'assioma. La *gratia* è *gratia Dei* (di Dio che la "promise"), "illuminata" dallo Spirito Santo; vuol dire la *gratia* è, per la mediazione dello Spirito, un dono di Dio. Lo Spirito Santo prende dimora "con i suoi beni celesti", e quasi involontariamente viene da pensare alla *gratia creata*.[62]

1.2.4.1.2. La realtà sacramentale

Per Marmann, alla luce di quanto appena detto, siamo già vicini al tema della sacramentalità. Vanno aggiunte solo alcune osservazioni: la spiegazione che Tertulliano offre a proposito del sacramento del battesimo con l'acqua potrebbe già contenere il nostro assioma in quanto tale, riferito alla *res sacramenti*. Scrive, infatti, Tertulliano: "Se l'acqua, già per la sua

---

geschichtlichen Wirken des Pneuma zur sakramental–ekklesiologischen Realität der Gnade –: kein neues Kerygma, aber deutliche Akzentverlagerung!) ein Zitat aus *De poenitentia*, 2; wie in einer Momentaufnahme wirft es Licht auf den Schritt von heilsgeschichtlicher zur theologisch–metaphysischen Betrachtung der christlichen Existenz: "Obwohl er sofort seine Gnade versprach, die er in den letzten Zeiten durch seinen Geist dem Erdkreis leuchten lassen würde, wollte er doch, daß eine Bußtaufe vorangehe, so zwar, daß er die, welche er aus Gnade zu den dem Samen Abrahams gegebenen Verheißungen berufen hat, vorerst durch Übernahme der Buße vorbereitete. Johannes verschweigt das nicht; er sagt: "Tuet Buße, denn das Heil steht den Heiden bereits nahe bevor", das ist der Herr, der die zweite Verheißung Gottes mit sich bringt. Als sein ihm voraneilender Diener bestimmte Johannes die Buße als das zur Reinigung der Seelen vorbehaltene Mittel, so daß alles, was der alte Irrtum verunreinigt, alle Flecken, welche die Unwissenheit im Herzen der Menschen hervorgebracht hatte, mittels der Buße ausgelegt, abgeschabt und hinausgeworfen und das Innere für den nachkommenden Heiligen Geist hergerichtet würde als eine reine Wohnung, in welche derselbe mit seinen himmlischen Gütern gern einkehren könnte."» (*Ib.*, 69).

[61] (In dem Abschnitt wird – gerade vor dem Hintergrund des biblischen und geschichtlichen Ansatzes – das diskursive, analytische Denken des Lateiners offenbar, der – gleichsam schon verweisend auf spätere Systematik – als Neben– und Nacheinander auseinanderdividiert, was im Leben ein einziger komplexer Vorgang ist.)» (*Ib.*, 69).

[62] «Dieser Text wäre noch genauer zu analysieren, um die inhaltliche Verflechtung von *gratia* und *spiritus sanctus*, die darin zum Vorschein kommt, und die den Blick wieder auf die Axiom–Formulierung lenkt, zu reproduzieren. Gnade ist *gratia Dei* (, der sie "versprach") – sie "leuchtet auf" durch den Heiligen Geist, das heißt Gnade ist in der Vermittlung des Geistes Gabe Gottes. – Wohnung nimmt der Heilige Geist "mit seinen himmlischen Gütern": fast unwillkürlich kommt der Gedanke an die sogenannte *gratia creata...*» (*Ib.*, 69-70).

semplice natura, essendo in realtà materia atta a lavare, induce a venire utilizzata per una pulizia purificatrice, tanto più grande sarà la forza di questo effetto tramite l'autorità di Dio, il quale l'ha creata con questa caratteristica" (*De baptismo*, 5). In linea con il suo uso naturale, nella realtà sacramentale, l'elemento naturale dell'acqua è dunque elevato a mezzo di purificazione sovrannaturale. L'idea che fu Dio a volerlo, Tertulliano la giustifica osservando che il Creatore stesso ha provveduto alla qualità dell'acqua, predestinandola e qualificandola al battesimo.[63]

Questi nessi reali sembrano essere dei particolari atti a descrivere le "abitudini di Dio". Nel Suo agire è possibile scorgere delle regole ricorrenti, regole del gioco dell'economia della salvezza che la persona cristiana riconosce come principi stabiliti, mentre rappresentano degli "assiomi" per il teologo. A proposito delle circostanze attorno al battesimo, Tertulliano protocolla una tale *regula* – il cui contenuto si può riassumere con la formula *spirituale praesupponit carnale* – nel tentativo di interpretare il senso parabolico del miracoloso stagno di Betsaida mosso dall'Angelo, e pertanto investito di potere terapeutico. Nel *De baptismo* 5,5 Tertulliano scrive: "Questo esempio della guarigione fisica annunciava quella spirituale secondo la regola per cui le cose carnali precedono sempre quelle spirituali a cui servono come modello di forma".[64]

Per Marmann, anche se si può mettere in discussione quanto sostiene a tal proposito Stoeckle, quando afferma che è fuor di dubbio che in questo testo sia individuabile l'anticipazione di ciò che esprimerà il successivo

[63] «Mit den letzten Ausführungen haben wir uns diesem Thema der Sakramentalität schon genähert. Nur noch einige Anmerkungen: In der Erklärung, die Tertullian zum Sakrament der Taufe über die Verwendung des Wassers gibt, könnte schon unser Axiom, und zwar als solches hinsichtlich der *res sacramenti*, im Hintergrund stehen: "Wenn das Wasser also durch seine bloße Natur schon, weil es eigentlich die zum Abwaschen bestimmte Materie ist, zur Vornahme einer sühnenden Reinigung anlockt, mit wieviel mehr Wahrheit wird es nicht diese Wirkung kraft göttlicher Autorität leisten, durch welche ja seine ganze Beschaffenheit hervorgerufen ist." (*De baptismo*, 5). Das Natur–Element wird in der Tendenz seines natürlichen Gebrauchs in der sakramentalen Wirklichkeit zum Mittel übernatürlicher Reinigung erhoben. Und daß Gott das schon gewollt hat, wird noch eigens begründet durch die Bemerkung, die Qualität des Wassers, die es zur Taufe prädestiniert und qualifiziert, stamme ja vom Schöpfer selbst» (*Ib.*, 70).

[64] «Diese realen Zusammenhänge sind wie Kennzeichen der "Gewohnheiten Gottes". In Seinem Heilswirken lassen sich sozusagen immer wiederkehrende Gesetzmäßigkeiten feststellen, Spielregeln in der Heilsökonomie, die als feststehende Prinzipien vom denkenden Christen erkannt werden und dem reflektierenden Theologen "Axiome" sind. Eine solche *regula*, deren Inhalt man kurz mit *spirituale praesupponit carnale* fassen kann, registriert Tertullian (im Zusammenhang mit dem sakramentalen Geschehen der Taufe) anläßlich der Deutung des parabolischen Sinnes des vom Engel bewegten und so heilenden Teiches Bethsaida: "Dieses Vorbild der leiblichen Heilung kündigte geistige Heilung an, nach der Regel, daß immer (*ex forma, qua semper*) die fleischlichen Dinge den geistigen zum Vorbilde vorausgehen." (*De baptismo*, 5,5). –» (*Ib.*, 70).

gratia praesupponit naturam, un tale modo di esprimersi è nondimeno tipico del pensiero del Cartaginese, e l'affermazione è ben saldata a quella struttura del presupposto che in seguito formulerà l'assioma in maniera definitiva. Essa esemplifica ciò che Ireneo ha chiamato l'adeguamento di Dio all'uomo.[65]

1.2.4.1.3. Vita cristiana

Attenendoci a quanto finora esposto sul concetto di *natura* in Tertulliano, per concludere, osserva Marmann, vorremmo ora accennare al momento etico che riveste un ruolo addirittura preminente nella sua opera.[66]

1.2.4.1.3.1. Libero arbitrio

Nel sottolineare l'importanza del libero arbitrio per il *secundum immagine et similitudinem fieri*, afferma Otto, Tertulliano sposta l'accento dal "metafisico" verso il concreto, "storico", e cioè verso l'agire dell'uomo.[67]

Poiché Tertulliano adotta il principio della Stoà "ομολογουμενης φυσει ζην" e lo traspone nella teologia cristiana, egli deve per forza concepire *natura* in un'armonia interna con il *pneuma*.[68]

A questo punto, tuttavia, egli distingue tra *natura* e *institutio*, ovvero *dispositio in bonum*. In un primo momento, *natura* è semplicemente la materia vuota che sarà indirizzata per apposito "decreto" creativo verso il bene, la quale poi costituirà, sovrapposta al "fondamento", quella *natura* complessiva che è la premessa per la santificazione. Per Marmann, questa incoerenza presente nell'idea di *natura* di Tertulliano (riassunta da Otto)

---

[65] «Wenn es auch ein wenig fraglich ist, ob man, wie zum Beispiel Stoeckle sagt, "in diesen Text ohne Zweifel und ohne Gefahr einer künstlichen Eintragung die Vorwegnahme dessen erblicken kann, was das spätere *gratia supponit naturam* ausdrückt", so ist diese Ausdrucksweise doch typisch für das Denken des Lehrers von Karthago und die Aussage eingebettet in jene Struktur der Voraussetzung, die erst das Axiom ein für allemal formuliert. Sie ist ein Exempel für das Gleiche, das Eirenaios die Anpassung Gottes an den Menschen nannte» (*Ib.*, 70).

[66] «In Anlehnung an das über den Naturbegriff Tertullians schon Aufgezeigte, ist es nötig, nun abschließend noch auf das ethische Moment, das ja bei ihm eine geradezu beherrschende Rolle spielt, zu sprechen zu kommen» (*Ib.*, 70).

[67] «"Tertullian rückt mit der Betonung des freien Willens für das *secundum imaginem et similitudinem fieri* den Akzent vom "Metaphysischen" weg und setzt ihn auf das Konkrete, "Geschichtliche": auf das Tun des Menschen."» (*Ib.*, 71).

[68] «Da Tertullian das stoische Prinzip ομολογουμενης φυσει ζην übernimmt und im Christlichen beheimatet, muß er Natur in einer inneren Harmonie und Hinordnung auf das *pneuma* denken» (*Ib.*, 71).

sembra essere dovuta esclusivamente al miscuglio, poco equilibrato, di dottrina stoica e fede cristiana nella creazione. Che cos'è questa *natura* che necessita di una *dispositio* per *institutio*? Non è, si potrebbe chiedere, la *natura* della Stoà (divina già di per sé grazie al *Logos*) alla quale, dopo che il cristiano le ha conferito "essenza" (nel senso di una *natura pura* solamente teorica), si deve "aggiungere" l'elemento della relazione con il Creatore (caratteristico della fede cristiana) come *dispositio ex institutione*? Secondo Marmann, quello che contraddistingue questo pensiero è la contrapposizione creatura-Creatore: solo Dio è "buono" per *natura*, perché solo Dio è da sé, mentre l'uomo è *ex institutione*. In ogni caso, un dilemma rimane: per quanto lo possa volere, *natura* non può ancora diventare un concetto teologico cristiano.[69]

In *Adversus Marcionem*, II,6 si legge: *Homo autem, qui totus ex institutione est, habens initium, cum initio fortitus est formam, qua esset, atque ita non naturam in bonum dispositus est, sed institutione; non suum habens bonus esse sed institutione.*[70]

La *natura* disposta verso il Bene è realizzata in una vita che non è più quel *recto vivere* orientato piuttosto verso la ragione degli stoici, bensì l'*incedere secundum liniamenta Christi* (*De resurrectione mortuorum*, 49). Così, nell'orientarsi verso il Bene, la *natura* sfocia nell'imitazione di Cristo intrapresa in piena libertà dalla persona cristiana, e in tal senso la *natura* dell'uomo è il requisito affinché la vita cristiana sia possibile.[71]

---

[69] «Hier jedoch unterscheidet er zwischen *natura* und *institutio*, beziehungsweise *dispositio in bonum*. *Natura* ist gleichsam nur erst die leere Materie, die durch ein eigenes schöpferisches "Dekret" ihre Ausrichtung auf das Gute erhält, welches dann mit ihrem, "Fundament" jene Totalnatur ist, die Voraussetzung für das Heiligwerden ist. Diese Inkonsequenz des tertullianischen Naturdenkens, die Otto nur darstellt, läßt sich wiederum wohl allein von der nicht ausgewogenen Mischung aus stoischer und schöpfungsgläubiger Lehre erklären. Was ist diese Natur, die einer *dispositio* kraft *institutio* bedarf? Ist es nicht, könnte man fragen, die Stoa–*natura* (= in sich schon durch den *Logos* göttlich), die vom Christen "verwesentlicht" wird (im Sinne einer nur denkbaren *natura pura*) und dann das Element der Relation zum Schöpfer (= charakteristisch für den christlichen Glauben) als *dispositio ex institutione* hinzu "gerechnet" werden muß? Entscheidend für diese Konzeption ist die Entgegensetzung Kreatur – Kreator: Gott allein ist "von Natur gut", denn nur er ist aus sich, der Mensch ist als ganzes *ex institutione*. Jedenfalls bleibt ein Dilemma: Natura will und kann doch nicht ein christlicher theologischer Begriff werden» (*Ib.*, 71).

[70] «So heißt es *Adversus Marcionem*, II,6: "Der Mensch aber, der als ganzer errichtet ist (*totus ex institutione*), hat, da er einen Anfang genommen, mit dem Anfang die Form bekommen, in der er sein soll (*forma, qua esset*), und so ist er nicht von Natur aus auf das Gute ausgerichtet, sondern durch "ein positives schöpferisches Dekret" (*institutione*)..."» (*Ib.*, 71).

[71] «Die zum Guten disponierte Natur wird verwirklicht in einem Leben, das aber nicht mehr das nach der *ratio* ausgerichtete *recte vivere* der Stoiker, sondern das *incedere secundum liniamenta Christi* (*De resurrectione mortuorum*, 49) ist. So mündet die Natur in der Hinordnung zum Guten ein in die

1.2.4.1.3.2. Carne

Per Marmann, ponendo in risalto l'importanza della *potestas liberi arbitrii*, considerandola la qualità che più di tutte le altre caratterizza l'uomo, Tertulliano mette in primo piano l'elemento della partecipazione umana nel processo salvifico (la sua inclinazione verso il rigorismo etico del montanismo non è altro che una conseguenza della posizione che da sempre era alla base della sua dottrina; così come generalmente la ricerca di ciò che è propriamente umano – e lo staccarsi dall'intreccio con il Creatore e la Sua attività divina che ne consegue – può essere considerata l'impulso principale della sua dottrina nonché della sua vita). Si scoprirà in seguito che tale risalto costituisce una delle premesse per l'assioma formulato, ed è particolarmente evidente nel momento in cui, schiodandosi dalla fissazione sul concetto di *natura* tanto complesso, si osserva il linguaggio paolino adottato da Tertulliano nella sua concretezza. Questo vale per il termine *caro*, nella misura in cui vi si concretizza la sua idea di *natura*: la dignità della carne trova la propria motivazione nell'opposizione contro la concezione dualistica anti-carnale della gnosi da un lato, e nello sguardo della fede aperto su Cristo dall'altro (*et verbum caro factum est*). E parafrasando Ratzinger, Marmann osserva che si tratta della lotta contro il dualismo mondiale della gnosi, in cui la carne è considerata un mondo di peccato, una realtà di per sé malvagia, appartenente all'eone delle tenebre. Tertulliano, invece, annuncia che la carne, in quanto l'unica opera della creazione plasmata dalla mano di Dio, porta le sembianze stesse di Dio. Nel mettere Cristo al centro, in un primo momento, egli prova l'unità interna di ciò che è separato (dualismo dei due Testamenti). Se il corpo umano ha la stessa forma del corpo di Cristo, allora lo stesso Dio che nell'immagine di Cristo riconosce e accetta la propria non può essere un nemico di Gesù Cristo, ma solo il "Dio di Gesù Cristo" stesso. E la carne umana portatrice di Cristo stesso non può rappresentare un potere essenzialmente malvagio.[72]

Nachfolge Christi, die der Christ in Freiheit ergreift, und in diesem Sinne ist Natur des Menschen die Bedingung der Möglichkeit des christlichen Lebens» (*Ib.*, 71).

[72] «Durch die Herausstellung der *potestas liberi arbitrii* als das, was vor allem den Menschen zum Menschen macht, wird das Element seiner Mitwirkung beim Heilsprozeß stark in den Vordergrund gezogen. (– Die Hinwendung Tertullians zum Montanismus mit seinem ethischen Rigorismus ist nichts weiter als eine Konsequenz der Haltung, die immer schon hinter seiner Lehre steckte; wie überhaupt in allem der Griff nach dem Eigenmenschlichen (und die damit naheliegende Loslösung aus der Verflechtung mit dem Schöpfer und seiner göttlichen Wirksamkeit) der kennzeichnende Zug seiner Lehre wie seines Lebens genannt werden kann). – Solche Betonung entschleiert sich später als eine der

La concezione positiva del corpo ha le sue radici nel Cristianesimo, la sua (eccessiva) accentuazione ricorda l'identità di *logos* e *physis* nella Stoà (cfr. a tal proposito la corporalità di Dio: nella misura in cui l'essere divino è legato direttamente all'idea del corpo, la *caro* creaturale si libera della totale dipendenza dal Creatore raggiungendo nei Suoi confronti una specie di autonomia; il teologo ne riceve conferma nell'incarnazione). Per Marmann, nell'opera di Tertulliano, l'idea di *corpus-caro* si sviluppa, per quanto riguarda sia la reciprocità sia la diversità dei due concetti, a partire dall'unione tra antropologia (*Hominem memento carnem proprie dici, De resurrectione carnis*, 5), cristologia (*Quodque enim limus exprimebatur, Christus cogitabatur homo futurus, De resurrectione carnis*, 6) ed ecclesiologia. Anche se quest'ultima non può essere considerata in questa sede, osserva Marmann, vi si dimostrerebbe il caso esemplare dell'applicazione (ovvero applicabilità) dell'assioma nel rapporto reciproco tra *corpus* e *vestimentum*, *caro* e rivestimento, *sacramenta* e *disciplina*. Solo alla luce di queste osservazioni diventa evidente il fatto che il contesto stoico, per quanto non trascurabile, è tuttavia superato nella fede in Cristo.[73]

Bedingungen für das formulierte Axiom. Sie tritt auch deutlich zutage, wenn man sich löst von der Fixierung auf den sehr vielschichtigen *natura*–Begriff und sich der paulinischen, konkreten Sprechweise, wie sie Tertullian aufgegriffen hat, zuwendet. Das gilt für den *caro*–Begriff, soweit sich darin das Naturverständnis konkretisiert. Im Kampf gegen die leib–feindliche, dualistische Auffassung der Gnosis einerseits und andererseits im offenen Blick des Glaubens auf Christus – *et verbum caro factum est* – wird die Würde des Fleisches begründet. "Es handelt sich um den Kampf gegen den gnostischen Weltdualismus, in dem das Fleisch als eine Welt der Sünde dasteht, als eine in sich böse Wirklichkeit, dem *Aeon* der Finsternis zugehörig, Demgegenüber meldet Tertullian an, daß das Fleisch, als einziges Werk der Schöpfung von Gottes eigener Hand geformt, die Züge Gottes trägt… Indem er Christus in die Mitte stellt, erweist er zunächst die innerste Einheit des Geschiedenen (scil. Dualismus der zwei Testamente). Wenn der Menschenleib in Gleichgestalt ist mit Christi Leib, so kann der Gott, der im Bilde Christi sein eigenes Abbild erkennt und anerkennt, nicht ein Feind Christi, sondern nur der "Gott Jesu Christi" selber sein. Und das Menschenfleisch, das Christus selbst getragen, kann keine schlechthin seinshaft böse Macht sein."» (*Ib.*, 71-72).

[73] «Die positive Sicht des Körpers gründet im Christentum, seine (Über) Betonung (vgl. die Korporalität Gottes –: in dem Maße sich mit der *corpus*–Idee direkt das göttliche Wesen verbindet, löst sich die kreatürliche *caro* aus der vollkommenen Abhängigkeit vom Kreator, bekommt Ihm gegenüber so etwas wie Selbststand und die Bestätigung dafür erhält der Theologe in der Inkarnation) erinnert an die Identität von *logos* und *physis* in der Stoa. Im Werk Tertullians ist der *corpus*– und *caro*–Gedanke in seiner Verschiedenheit und Zusammengehörigkeit aus der Einheit von Anthropologie (*Hominem memento carnem proprie dici... – De resurrectione carnis*, 5), Christologie (*Quodcumque enim limus exprimebatur, Christus cogitabatur homo futurus*… aaO,6) und Ekklesiologie zu entwickeln, die in unserer Betrachtung zwar außer Betracht bleiben muß, aber auch als exemplarischer Fall der Anwendung (bzw. Anwendbarkeit) des Axioms in dem Zueinander von *corpus* und *vestimentum*, *caro* und Überkleidung mit *sacramenta* und *disciplina* sich erweisen würde. Erst in diesem Zusammenhang wird dann sichtbar, daß der stoische Hintergrund, so sehr man ihn auch hier nicht übersehen darf, im Glauben an Christus überwunden ist» (*Ib.*, 72).

Secondo Marmann, *caro* si colloca quindi in un contesto abbastanza ampio, atto a sorreggere il senso di alcune frasi singole. Un'osservazione quale "la carne fa in modo che l'anima possa essere unita a Dio" (che volendo aumentare eccessivamente il contenuto del nostro assioma sarebbe comprensibile solo in considerazione dell'influenza stoica) è l'espressione della stima nutrita nei confronti della creatura umana nella carne, richiamandosi a *Jesum Christum, qui et homini deum et homini deo reddat, carni spiritum et spiritui carnem.*[74]

L'agire della carne, come afferma Otto, è la *conditio sine qua non* per l'incontro dell'uomo con Dio. Tutta la polemica di Tertulliano contro lo gnosticismo ha un solo scopo: il raggiungimento della salvezza non è un processo soteriologico che si svolge indipendentemente dalle azioni dell'uomo, ma una "storia" della salvezza portata avanti dalla decisione liberamente presa dall'uomo.[75]

1.2.4.1.3.3. Imitazione di Cristo

Per Marmann, a questo pensiero che spiega a sufficienza come in Tertulliano, contrariamente ad Ireneo, il "presupposto della *gratia*" si svela sempre di più in base alla realtà concreta, terrena, se ne aggiunge un altro e ultimo: si tratta di collocare le azioni umane (morali) compiute in libertà nella messa in atto della vita cristiana della Chiesa. Laddove Ireneo segue la grande linea dell'economia della salvezza, in cui l'*imago Dei* è educata alla *perfectio* grazie alla pedagogia divina, per Tertulliano anche la vita e l'azione concreta (come il loro essere in quanto *imago-natura*) sono possibili e garantite da un lato nella cristocentricità e dall'altro solo nella *comunicatio ecclesiae*. Ambedue sono espresse con un termine che, sulla falsariga di *dispositio* e *natura*, costituisce un molteplice concetto chiave nel pensiero (specialmente in quello ecclesiologico e moral-teologico) di Tertulliano: *disciplina*. È in essa che, per Marmann, parafrasando Ratzinger, l'immagine velata di Cristo ricomincia a brillare, perché

---

[74] «*Caro* hat also einen ausgedehnten Kontext, der den Sinn einzelner Sätze stützen muß. Eine Bemerkung wie: "Das Fleisch bewirkt, daß die Seele mit Gott vereint werden kann" (die in Übersteigerung des Inhaltes unseres Axioms nur von stoischem Einfluß überhaupt zu begreifen wäre) drückt die recht zu verstehende Hochschätzung des Menschengeschöpfes im Fleische aus im Verweis auf *Jesum Christum, qui et homini deum et hominem deo reddat, carni spiritum et spiritui carnem*» (*Ib.*, 72).

[75] «"Das Tun des Fleisches ist die *conditio sine qua non* für die Begegnung des Menschen mit Gott." "Die ganze Polemik Tertullians gegen den Gnostizismus läuft nur auf dieses Eine hinaus: die Erlangung des Heiles ist nicht ein "soteriologischer Prozeß", der sich unabhängig vom Dazutun des Menschen vollzieht, sondern eine "Geschichte" des Heiles, die von der freien Entscheidung des Menschen getragen ist."» (*Ib.*, 73).

l'immagine di Cristo è colui che ha l'atteggiamento di Cristo. La storia della salvezza è l'epoca della Chiesa, in cui il cristiano ha i lineamenti di Cristo. Scrive, infatti, Tertulliano: *Atque adeo ad disciplinam totum hoc dirigit, ut hic dictat protandem immagine Christi in ista carne et in isto tempore disciplinae* (*De resurrectione carnis*, 49). Nella disciplina, la persona cristiana, nella cui carne sono incisi i lineamenti di Cristo, si dimostra chiamata alla *perfectio*, alla perfetta imitazione di Cristo. Per Tertulliano, afferma Otto, il martirio rappresenta l'azione più dignitosa della carne, perché sottopone l'uomo interamente alla volontà di Dio in maniera del tutto simile a Cristo, *ut et operemur a mortem usque* (*De oratione*, 4). Grazie all'unione con Cristo compiuta nei sacramenti, la teologia *de carne* diventa una *theologia crucis*, in cui la dottrina della *recapitulato* si riferisce più alla croce che all'incarnazione; nella vita di un cristiano questa realtà si traduce nella disponibilità a subire l'ultimo martirio in cui si esaurisce la libertà dell'uomo.[76]

1.2.4.2. Nell'ordinamento della coscienza

Per Marmann, per concludere sarà utile esaminare brevemente una forma particolare dell'assioma, la quale nella teologia latina occidentale si trova accanto alla formulazione originale, e così pure in modo implicito ha in Tertulliano un precursore: *fides praesupponit rationem*.[77]

---

[76] «Diesem Gedanken, der hinreichend darlegt, wie "Voraussetzung der Gnade" im Gegensatz zu Eirenaios, aber doch auch in seinem Kielwasser, bei Tertullian immer mehr von der erfahrbaren diesseitigen Realität her aufscheint, fügt sich ein letzter an und ein: es geht um die Einordnung des menschlichen (sittlichen) Handelns aus Freiheit (Vgl. Kap c.1 "freier Wille") in den Vollzug des christlichen Lebens der Kirche. Bleibt Eirenaios in der großen Linie der Heilsökonomie, in der die *imago Dei* durch die Pädagogik Gottes zur *perfectio* erzogen wird, so ist bei Tertullian auch das konkrete Leben und Handeln (wie sein Sein als *imago–natura*) einerseits in der Christozentrik andererseits nur in der *communicatio ecclesiae* ermöglicht und gewährleistet. Ausdruck findet beides in einem Wort, das wie *dispositio* und *natura* ein vielschichtiger Schlüsselbegriff im (bes.: ekklesiologischen, moraltheologischen) Denken Tertullians ist: *disciplina*. Sie ist es, "in der das verschleierte Christusbild wieder zum Leuchten kommt, denn: Bild Christi ist der, der den Wandel Christi hat." Die Heilsgeschichte ist die Zeit der Kirche, in der der Christ die Konturen (*liniamenta*) Christi haben soll: *atque adeo ad disciplinam totum hoc dirigit, ut hic dicat protandam imaginem Christi in ista carne et in isto tempore disciplinae* (*De resurrectione carnis*, 49). In der *disciplina* erweist sich der Christ, da in seinem geschöpflichen Fleisch die Linien Christi eingraviert sind, zur *perfectio* berufen, zur vollkommenen Nachfolge Christi: "das Martyrium stellt für Tertullian das würdigste Tun des Fleisches dar, weil es den Menschen ganz "dem Willen Gottes unterstellt" "– in Ähnlichkeit zu Christus, *ut et operemur ad mortem usque* (*De oratione*, 4). Theologie *de carne* wird durch die Einheit mit Christus in den *sacramenta* letztlich zu einer *theologia crucis*, in der die *recapitulato*–Lehre mehr auf das Kreuz als auf die Menschwerdung bezogen ist; Ausdruck dieser Realität im Leben des Christen ist die Bereitschaft zum letzten Martyrium, worin sich die Freiheit des Menschen erschöpft» (*Ib.*, 73).

[77] «Zum Abschluß ist es sinnvoll, kurz unsere Aufmerksamkeit auf eine Sonderform des Axioms zu lenken, die in der lateinisch–westlichen Theologie neben der Ur–formulierung rangiert, und ebenfalls in Tertullian implicite einen Wegbereiter hat: *fides praesupponit rationem*» (*Ib.*, 73).

Già l'identità di *Deus* e *rationalitas* da un lato, e la determinazione dell'essenza di *natura* come *rationalis* dall'altro, richiamano l'attenzione (come il concetto di *corpus*) sull'analogia di Creatore e creatura nella quale si manifesta anche la *ratio* nella sua provenienza e dipendenza da Dio (cfr. la massima in *De testimonio animae*, 5,1: *quanto naturalia, tanto divina*). Questo particolare concetto di *ratio*, ancora una volta analogico di Tertulliano (il quale evita sì l'identificazione stoica di *Deus* con la *ratio* in *natura*, ma sembra comunque avere una certa affinità ad essa nonostante percepisca nitidamente l'assoluta differenza essenziale tra creato e non creato) contiene, per così dire, la possibilità di esprimersi in un modo che racchiuda il senso dell'assioma e al contempo riveli il difetto del concetto di *ratio* influenzato dalla Stoà (un concetto vagamente religioso e come ogni "filosofia" del passato di contenuto non puramente filosofico), e cioè una sopravalutazione della spiritualità dell'uomo. Secondo Marmann, Tertulliano è simile a Giustino nel cantare le lodi della *ratio* che sarebbe, poiché causata da Dio, essa stessa divina, e nell'accusare poi i fedeli di irragionevolezza. Scrive, infatti, Tertulliano: "Del resto sono essi tanto lontani dall'averne (del pentimento) una nozione ragionevole quanto lo sono da Colui che è fonte e lume di ogni principio razionale; la ragione è cosa di Dio: questi è Creatore del tutto e nulla provvide, nulla dispose se non seguendo ragione" (*De poenitentia*, 1).[78]

"Essere lontani dall'averne una nozione ragionevole". Per Marmann, un tale modo di esprimersi denuncia due cose. In primo luogo, il fatto che la portata della *ratio* è più ampia di quella di *natura*, per quanto riguarda valenza e importanza (intendendo qui per *natura* applicata al divino non

[78] «Schon die Identität von *Deus* und *rationalitas* einerseits und die Wesensbestimmung von *natura* als *rationalis* andererseits weisen (wie der *corpus*–Begriff) hin auf die Analogie von Schöpfer und Geschöpf, in der auch *ratio* in ihrer Herkunft und Abhängigkeit von Gott sich manifestiert (entsprechend der Maxime in *De testimonio animae*, 5,1: *quanto naturalia, tanto divina*). Dieser eigentümliche, wieder analoge, *ratio*–Begriff Tertullians (der zwar die stoische Ineinssetzung von *Deus* und *ratio* in *natura* vermeidet, aber doch eine gewisse Verwandtschaft damit zu haben scheint, obgleich die absolute Seinsdifferenz zwischen Geschaffenen und Ungeschaffenen gesehen wird), birgt in sich sozusagen die Möglichkeit einer Ausdrucksweise, die den Sinn des Axioms ebenso erfaßt, wie sie den Mangel des von der Stoa geprägten (das heißt noch irgendwie religiösen, wie alle frühere "philosophie" nicht rein philosophischen) *ratio*–Begriffs offenbart, und damit eine Überbewertung der menschlichen Geistigkeit. – Es erinnert an Justin, wenn Tertullian das hohe Lied der *ratio* als, von Gott hervorgerufen, selbst göttlich singt und entsprechend die Un–gläubigen einfachhin des Un–verstandes bezichtigt: "Im übrigen aber sind sie von deren (der Reue) eigentlichem Verständnis so weit entfernt, wie von dem Urheber des Verstandes selbst. Denn der Verstand ist etwas Göttliches, weil Gott der Schöpfer aller Dinge ist, weil er alles und jegliches mit Verstand vorgesehen, eingerichtet und angeordnet hat und alles mit Verstand behandelt und angesehen wissen will." (*De poenitentia*, 1)» (*Ib.*, 74).

tanto una qualità dell'essere, ma piuttosto l'"essenza"). *Ratio*, dunque, fa parte della serie di concetti analoghi già esaminati, quali *dispositio* e *corpus*. Non è solo il *corpus* ad essere segno dell'*imago Dei*, ma anche la *ratio*, come si evince dalla suddetta citazione. In secondo luogo, il termine *natura*, prima di abbandonare la sua profondità e il suo ancoraggio religioso (sia stoico, sia cristiano) per trasformarsi in un concetto puramente filosofico è scelto parallelamente alla sua "naturalizzazione" anche per descrivere l'umano nella sua relativa condizione salvifica. L'"irragionevolezza" (*De poenitentia*, 1) ha la sua radice in una colpa talmente antecedente a qualsiasi mancanza personale che già la *natura* stessa – quasi originariamente – può essere considerata peccaminosa. Tertulliano afferma che il *kerygma* della penitenza non è affatto riferito ai pagani; *Quorum delieta obnoxia ei non sint, ignorantiae scilicet imputanda, quam sola natura ream deo faciat* (*De pudicitia*, 10). Per Marmann, anche se queste implicazioni presenti nella dottrina del peccato originale non costituiscono affatto l'unico, e forse nemmeno il principale tenore della teologia di colui che parla (qui probabilmente in qualità di montanista), bisogna certamente insistere nel ribadire che in Tertulliano non esiste un singolo concetto di *natura* che sia riferibile alla sola storia della salvezza, e pertanto in diretto contrasto con la *gratia*, come invece il peccato stesso: Tertulliano parla dei *peccatores naturales*, un'espressione non intesa in maniera assoluta, perché i pagani possono e devono fare penitenza, ma atta a dare spazio all'interpretazione che il *peccatum*, che rende l'uomo *peccator naturalis*, non solo si riferisce alla *natura*, ma è naturale di per sé.[79]

[79] «Solches "Unverständnis" – auf zweierlei wirft dieser Wortgebrauch Licht: erstens daß die *ratio* in Valenz und Bedeutung über *natura* hinausreicht (welch letzterer Begriff, aufs Göttliche appliziert, nicht mehr so sehr eine Seinsbeschaffenheit als vielmehr formaliter das "Wesen" meint); *ratio* gehört also in die Reihe von analogen Begriffen hinein, wie schon genannt: zum Beispiel *dispositio*, *corpus*; nicht nur *corpus* ist Signum der Gott–bildlichkeit des Menschen, sondern, verdeutlicht unser Zitat, auch *ratio*. Zweitens: *natura*, noch nicht seiner religiösen (sowohl stoischen als auch christlichen) Tiefe und Verankerung entkleidet und etwa bereits zum puren philosophischen Begriff gewandelt, wird parallel zu ihrer beginnenden "Naturalisierung" auch zur Benennung des Menschlichen in seiner je heilsgeschichtlichen Verfassung gewählt. – Das "Unverständnis" (*De poenitentia*, 1) hat seinen Grund in einer Schuld, die so sehr vor aller persönlichen Verfehlung liegt, daß schon die Natur selbst – also gleichsam ursprünglich – sündig bezeichnet werden kann. Tertullian sagt, das Kerygma von der Buße beziehe sich gar nicht auf die Heiden, "da die Sünden der Heiden ihr nicht unterliegen, weil sie der Unwissenheit beizumessen seien; diese aber sie bloß infolge der Natur vor Gott sündhaft macht (*quam sola natura ream deo faciat*)." (*De pudicitia*, 10). Wenn solche Implikamente der Erbsündenlehre auch, trotz der Interpretation der meisten, die Tertullian auf eine dialektische Theologie festlegen wollen, der das *credo quia absurdum* entsprechen muß, keineswegs der einzige, vielleicht nicht einmal der Grund–Tenor der (Schöpfungs–, Gnaden–) Theologie dessen ist, der hier wohl als Montanist redet, muß doch

Occorre, tuttavia, ricordare il carattere stesso dell'intero scritto *De pudicitia* che, a causa della sua materia tendente piuttosto all'etica nel senso del rigorismo ascetico del tardo Tertulliano, non ammette un'interpretazione propriamente ontologica. Non sorprende quindi il fatto che il severo moralista parli (ad esempio, nel capitolo precedente dello stesso scritto) dell'intelletto dei pagani che arriva, o che può arrivare fino a Dio e non riesce a raggiungerlo solo perché essi "si sono consegnati al principe di questo mondo". Scrive Tertulliano: *Vide an habeat ethnicus substantiam in Deo patre census et sapientiae et naturalis agnitionis in Deum, per quam et apostolus notat in sapientia Dei non cognouisse mundum per sapientiam Deum, quam utique a Deo acceperat* (*De pudicitia*, 9).[80]

Secondo Marmann, da questi percorsi intellettuali si spiega come Tertulliano possa arrivare ad una nozione che sia valida non soltanto per *fides praesupponit rationem*, ma ancor di più per *theologia praesupponit philosophiam.* Lo "studio" naturale diventa la base della scienza "sovrannaturale": *Quomodo repudiamus secolaria studia, sine quibus divian esse non possunt?* (*De idolatria*, 10). Si tratta quindi – come in tutte le occasioni in cui scopriamo il pensiero esatto dell'assioma – della dottrina ed esperienza dei pagani nel loro rapporto con il mestiere dei teologi e nei confronti della persona cristiana: esse sono consentite, necessarie e generalmente parlando possibili? Tertulliano afferma questo, che consegue direttamente dalla massima espressa in un altro passaggio: "Stiamo con tutti, allietiamoci secondo che comporta e vuole la nostra comune natura; ma non uniamo e confondiamo le nostre convinzioni religiose.

---

sehr nachdrücklich betont werden, daß es den rein heils– (beziehungs–weise unheils–) geschichtlichen Begriff der Natur bei ihm gibt, die konsequenterweise im direkten unvereinbarlichen Gegensatz zur "Gnade" stehen muß – wie die Sünde selbst: Tertullian spricht von *peccatores naturales*, eine Formulierung, die zwar nicht absolut gemeint ist, denn die Heiden können und sollen ja Buße tun, die aber auch die Interpretation zuläßt und nahelegen kann, daß das *peccatum*, welches zum *peccator naturalis* macht, sich nicht nur auf die *natura* bezieht, sondern *naturale* ist» (*Ib.*, 74-75).

[80] «Jedoch ist zu erinnern an den Charakter der gesamten *De–pudicitia*–Schrift, die wegen ihrer mehr ethischen Fragestellung im Sinne des aszetischen Rigorismus des späteren Tertullian eine ontologische Deutung mehr oder weniger verbietet. – So ist es ja auch nicht verwunderlich, daß der strenge Sittenlehrer in der gleichen Schrift, im Kapitel zuvor, vom Denken der Heiden spricht, das zu Gott vorstößt, beziehungsweise vorstoßen kann, – und Ihn nur, weil sie sich "dem Fürsten dieser Welt übergeben" haben, nicht erreichen –: "Frage dich, ob dem Heiden nicht jenes Besitztum eignet, daß er von Gott als Vater abstammt (*substantiam in deo patre census*), und sich jener Weisheit und natürlichen Erkenntnis Gottes erfreut, durch welche, wie der Apostel tadelnd bemerkt, die Welt in der Weisheit Gottes Gott nicht durch die Weisheit erkannt hat, obwohl sie dieselbe doch von Gott empfangen hatte." (*De pudicitia*, 9)» (*Ib.*, 75).

Riconosciamo una unità di spirito, ma non di dottrina: di tutti è il mondo ed anche noi ce ne sentiamo possessori cogli altri, ma non così deve dirsi dell'errore" (*De idolatria*, 14). Ma per il fatto che egli fa sfociare la *cognitio naturalis* direttamente nel credere siamo di fronte a ristrutturazioni del concetto di *natura* da tenere molto in considerazione.[81]

Per Marmann, in questo contesto si inserisce anche la riflessione apologetica di Tertulliano sull'esperienza ed espressione ingenua, spontanea dell'anima, la quale possiede senz'altro – contrariamente all'erudizione dei professori (pagani) – una *cognitio naturalis Dei*, anche se per questi ultimi, se non sono in errore, la propria saggezza è la via verso la piena verità che i cristiani già possiedono. Scrive, infatti, Tertulliano: *Magistra natura, anima discipula. Quicquid aut illa edocuit aut ista perdidicit, a deo traditum est, magistro scilicet ipsius magistrae* (*De testimonio animae*, 5). Da qui, il passo è breve per correlare la *cognitio animae* alla *fides*: *Crede itaque tuis et de commentariis nostro tanto magis crede divinis, sed de animae ipsius arbitrio perinde crede naturae, elige quam ex his fidem sororem observes veritatis* (*De testimonio animae*, 6). *Fides*, dunque, è la *soror veritatis*, ma la conoscenza della verità da parte dell'anima presuppone che non sia corrotta dalla scienza (pagana e errata), ne presuppone quindi la sanità, la quale la rende capace di spingersi "per *natura*" verso la conoscenza di Dio. Ciò ricorda la distinzione tra *natura* e *natura posterior*; da notare, tuttavia, che qui l'equiparazione non riflettuta di *natura* e "naturalità" – questo ottimismo nei confronti della *natura*, questa fiducia nella *facultas* dell'anima umana – deve apparire pericolosa e molto discutibile.[82]

---

[81] «Von solchen Gedankengängen her ist dann verständlich, daß Tertullian etwas sagen kann, das nicht nur *fides praesupponit rationem* sondern eher noch *theologia praesupponit philosophiam* trifft. Natürliches "Studieren" wird zur Basis der "übernatürlichen" Wissenschaft – *De idolatria*, 10: *quomodo repudiamus saecularia studia, sine quibus divina esse non possunt?* –. Es geht also – wie überall, wo wir sehr exakt den Gedanken des Axioms entdecken, – ganz konkret um Lehre und Weltweisheit der Heiden in ihrem Verhältnis zu dem Geschäft der Theologen, ob jene für den Christen überhaupt möglich, erlaubt, oder nötig ist; gesagt wird, was unmittelbar aus der Maxime folgt, die weiter unten, Kap. 14, so formuliert ist: "Leben wir mit allen zusammen, freuen wir uns mit ihnen infolge unserer gemeinsamen Menschen–natur nicht des Aberglaubens. Unserer Seele nach sind wir gleich, nicht aber in den Sitten; die Welt besitzen wir mit ihnen, nicht aber den Irrtum." (vgl. Exkurs: *O testimonium...*). – "Dadurch jedoch, daß er die *cognitio naturalis* direkt in das *credere* einmünden läßt, ergeben sich sehr zu beachtende Umschichtungen im Naturbegriff."» (*Ib.*, 75).

[82] «In den Zusammenhang gehört Tertullians apologetische Reflexion über die naive, spontane Erfahrung und Äußerung der *anima*, die durchaus, im Gegensatz zur Gelehrsamkeit der (heidnischen) Professoren eine *cognitio naturalis Dei* hat, – obgleich für jene, wenn sie nicht irren, ihre Weisheit Weg zur vollen Wahrheit, die die Christen haben, ist: "Lehrerin ist die Natur, Schülerin die Seele. Alles, was jene gelehrt und diese gelernt hat, ist von Gott gekommen als dem Lehrmeister auch der Lehrerin." (*De testimonio*

1.2.5. Excursus: O testimonium animae naturaliter christianae

1.2.5.1. Premessa

Per Marmann, questo noto detto di Tertulliano, di cui le tre ultime parole hanno acquisito una propria autonomia grazie all'ampio uso addirittura assiomatico che ne fu fatto, non può mancare in una riflessione storica vertente sulle singole tappe di un cammino che raggiunge la propria meta nell'assioma scolastico. Nella sua interpretazione basata sul contesto si manifestano potere e miseria di un assioma che fa correlare il "cristiano" e il "naturale" esistenti nell'uomo.[83]

Alla luce delle osservazioni finora esposte, fa notare Marmann, una tale considerazione a proposito del detto di Tertulliano è senz'altro sorprendente, perché abbiamo appena visto che nel suo pensiero l'area del *naturale* è quasi separata, se non addirittura eliminata dal "cosmo" salvifico dell'*oikonomia*. Esso si trasforma in un'entità propria e autonoma posizionata di fronte a tutto ciò che deriva dalla Rivelazione cristiana, senza però mai entrare in opposizione inconciliabile nei confronti di quest'ultima. *Natura*, in effetti, non fa parte dell'essenza cristiana che nasce solo nella fede al momento del battesimo. O almeno è così nella dottrina del *magister* che deve aver validità anche per quanto riguarda l'assioma.[84]

---

animae, 5). Von da aus ist der Schritt nicht weit zur Zuordnung der *cognitio animae* zur *fides*: "Auf Grund der Entscheidung der Seele selbst glaube ebenso sehr der Natur. Wähle dir hiervon, wen du als die treuere Schwester der Wahrheit beobachtet hast. Wenn du in deine eigenen Schriften Zweifel setztest, so sind doch Gott und die Natur keiner Lüge fähig. Um wiederum den Glauben an die Natur und Gott zu finden, glaube nur der Seele." (*De testimonio animae*, 6). *Fides* also ist *soror veritatis*, aber die Wahrheitserkenntnis der Seele setzt die Unverdorbenheit durch die (heidnische, irrende) Wissenschaft voraus: ihre Gesundheit, in der sie befähigt ist, "von Natur aus" zur Gotteserkenntnis vorzustoßen. Das erinnert an die Unterscheidung von *natura* und *natura posterior*, – wobei hier (vgl. die Zeit der Jugendbewegung) die nicht weiter reflektierte Gleichsetzung von Natur und "Natürlichkeit": dieser Naturoptimismus als Vertrauen in die *facultas* der *anima humana*, gefährlich und äußerst fragwürdig erscheinen muß (vgl. folgender Exkurs)» (*Ib.*, 75-76).

[83] «Dieses bekannte Diktum Tertullians, dessen letzte drei Worte weithin sich zu einem geradezu axiomatischen Gebrauch verselbständigt haben, soll in einer geschichtlichen Besinnung auf die einzelnen Etappen des Weges, der in dem scholastischen Axiom zum Ziel gelangt, nicht fehlen. In seiner Interpretation aus dem Kontext manifestiert sich Macht und Misere eines Axioms, das das "Christliche" und das "Natürliche" im Menschen zueinanderordnet, – Macht und Misere bis in die neueste Zeit, zumal die nach dem Ersten Weltkrieg» (*Ib.*, 76).

[84] «Nach den bisherigen Beobachtungen erstaunt diese Behauptung angesichts des Ausspruchs Tertullians; denn es hat sich ja gerade gezeigt, daß in seinem Denken weitgehend der Bezirk des *naturale* sich ab– und aussondert aus dem Heils "Kosmos" der *Oikonomia*. Er wird zur eigenen und eigenständigen Größe, die allem, was aus der christlichen Offenbarung sich ableitet, gegenübersteht, ohne doch freilich in unvereinbare Opposition zu geraten. *Natura* ist gerade nicht christlichen Wesens, das erst in Glaube und Taufe wird. Jedenfalls in der Lehre des *Magisters*, die auch für das Axiom zu gelten hat» (*Ib.*, 76).

Per Marmann, il discorso dell'*anima naturaliter christiana*, tuttavia, sembra essere in contraddizione a tutto ciò, a maggior ragione se si tiene conto del fatto che l'esclamazione *"O testimonium animae naturaliter christianae"* (l'unico testo a riportare questa asserzione in maniera così classica e chiara) è derivata da un *logos apologeticus* dove compare immediatamente dopo l'elenco dei culti religiosi pagani. Sorprende il fatto che una formulazione così poco in linea con il *ductus* di questa teologia compaia proprio in questa posizione, ma in realtà sorprende che compaia nell'*Apologeticum, tout court*, perché finora l'apologia rappresentava la tipica situazione in cui trovare il contenuto dell'assioma.[85]

1.2.5.2. Testo (*Apologeticum* capp. 17 e 18)

Per Marmann, innanzitutto, si deve collocare l'espressione in questione nel contesto appropriato. Per cui, in seguito, se ne cita l'intera pericope rilevante. In *Apologeticum*, 17 Tertulliano scrive: "Ciò che noi adoriamo è un Dio unico che tutta codesta mole, insieme a tutto il corredo di elementi, corpi, spiriti, con la parola con cui comandò, con la ragione con cui dispose, con la virtù con cui poté, dal nulla trasse fuori a ornamento della sua maestà; onde anche i Greci all'universo dettero il nome di *kòsmos*. Esso è invisibile, sebbene si veda; inafferrabile, sebbene per grazia si renda presente; incomprensibile, sebbene si lasci dalle facoltà umane comprendere: per questo è vero e così grande. Il resto che comunemente si può vedere, afferrare, comprendere, minore è degli occhi da cui è abbracciato, della mano con cui viene a contatto, dei sensi da cui viene scoperto. Invece ciò che è incommensurabile, solo a se stesso è noto. Questo è ciò che Dio fa comprendere, il fatto che di essere compreso non cape (il fatto che egli non risulta comprensibile); così l'immensità della sua grandezza agli uomini lo presenta noto e ignoto. E in questo sta la colpa principale di coloro che riconoscere non vogliono Colui che ignorare non possono. Volete che lo proviamo dalle di Lui opere, tante e tali onde siamo circondati, sostentati, allietati, spaventati anche? Volete che lo proviamo in

[85] «Die Rede von einer *anima naturaliter christiana* aber scheint doch dem allem zu widersprechen. Das wird noch verschärft durch den Hinweis, daß der Ausruf *O testimonium animae naturaliter christianae!* (= der einzige Text, in dem diese Aussage in so klarer und klassischer Form erscheint), aus einem *logos apologetikos* stammt, und zwar unmittelbar nach der Aufzählung der Götterkulte der Heiden. Gerade an dieser Stelle, aber eigentlich im Apologeticum überhaupt – denn Apologie war bisher meist die charakteristische Situation, die als Fundort für die Aussage des Axioms in Frage kam – muß eine Formulierung überraschen, die dem Duktus dieser Theologie wenig entspricht» (*Ib.*, 76).

base alla testimonianza dell'anima stessa? La quale, pur nel carcere del corpo serrata, pur da insegnamenti pravi circondata, pur da passioni e concupiscenze svigorita, pur a false divinità asservita, tuttavia, quando ritorna in sé come dopo l'ubriachezza o un sonno o qualche malattia, e il possesso riprende della sua condizione sana, fa il nome di Dio con questa sola parola, poiché è propria del Dio vero: e "Dio buono e grande", e "quello che a Dio piacerà" sono le parole di tutti. Anche quale giudice lo attesta: "Dio vede" e "a Dio mi affido" e "Dio me lo renderà". O testimonianza dell'anima naturalmente cristiana! Infine pronunciando queste parole non al Campidoglio, ma al cielo volge lo sguardo. Conosce infatti la sede del Dio vivente: da Lui e di là essa è discesa".[86]

In *Apologeticum*, 18 Tertulliano scrive: "Ma affinché più completamente ed a fondo sia alla conoscenza di Lui che delle sue disposizioni e volontà arrivassimo, il mezzo Egli aggiunse del documento scritto, qualora uno intorno a Dio indagare voglia e, indagatolo, trovarlo e, trovatolo, credere e, credutolo, servirlo. E invero fin dai primordi uomini mandò nel mondo per la loro intemerata giustizia degni di conoscere e manifestare Dio, di spirito divino inondati, affinché predicassero che un Dio unico esiste, il quale l'universo creò e l'uomo fabbricò di terra (questo infatti è il vero Prometeo che il mondo con determinate disposizioni e

---

[86] «Zuerst einmal ist der fragliche Ausdruck in den näheren und entfernteren Kontext zu stellen; deswegen sei hier gesamte, in Frage kommende Perikope angeführt: "Gegenstand unserer Verehrung ist der eine Gott, welcher diesen ganzen Weltenbau mit der gesamten Ausrüstung der Elemente, Körper und Geister durch das Wort, womit er befahl, und die Weisheit, womit er ordnete, und die Macht, womit er es vermochte, aus dem Nichts hervorbrachte zur Zierde seiner Herrlichkeit, woher auch die Griechen der Welt den Namen Kosmos beigelegt haben. Er ist unsichtbar, obwohl er gesehen wird, unfaßbar, obwohl er mittels seiner Huld vergegenwärtigt wird, unschätzbar, obwohl er durch die menschlichen Sinne geschätzt wird. Deshalb ist er der wahre und so groß. Was gewöhnlich gesehen, umfaßt und abgeschätzt werden kann, das ist geringer als die Augen, durch die es erfaßt, als die Hände, durch die es berührt, und als die Sinne, durch die es ermittelt wird. Was dagegen unermeßlich ist, ist nur sich selbst bekannt. So kommt es, daß Gott geschätzt werden kann, während er zugleich alle Schätzung überragt. So stellt ihn seine gewaltige Größe den Menschen dar als etwas Bekanntes und zugleich Unbekanntes. Darin beruht gerade das Hauptvergehen derer, die den nicht erkennen wollen, den sie nicht ignorieren können. Wollt ihr, daß wir aus seinen vielen und großen Werken, von denen wir umgeben sind, wodurch wir erhalten, wodurch wir ergötzt, wodurch wir auch erschreckt werden, oder wollt ihr, daß wir aus dem Zeugnis der Seele selbst sein Dasein beweisen? Obwohl durch den Kerker des Körpers beengt, obwohl von verkehrter Erziehung und Bildung umstrickt, obwohl von Lüsten und Begierden entkräftet, obwohl falschen Göttern sklavisch unterworfen, nennt sie doch, sobald sie sich gleichsam wie nach einem Rausch, nach einem Schlaf oder nach einer Krankheit auf sich selbst besinnt und ihre natürliche Gesundheit wieder erlangt, nur Gott, mit diesem Namen allein, weil er der dem wahren Gott allein zukommende ist. "Der große Gott", oder "was Gott geben möge", so spricht sie allüberall. Auch daß er Richter sei, bezeugt sie: "Gott sieht es", "ich stelle es Gott anheim" und "Gott wird es mir vergelten". O Zeugnis der Seele, die von Natur Christin ist! Endlich, wenn sie dergleichen spricht, so blickt sie nicht nach dem Kapitol, sondern zum Himmel; sie kennt nämlich den Sitz des lebendigen Gottes, von ihm und von dort ist sie ja auch herniedergestiegen (c. 17)» (*Ib.*, 76-77).

successioni di stagioni ordinò); inoltre, quali segni della maestà sua giudicatrice abbia con piogge e fulmini manifestato, quali leggi fissate per bene meritare di Lui, quali retribuzioni destinate all'ignoranza, al disconoscimento e all'osservanza di queste: come Colui che compiuta codesta età sarà per giudicare i suoi cultori, retribuendoli con la vita eterna, gli empi con il fuoco ugualmente perpetuo e continuo, dopo avere risuscitati, rinnovati e passati in rassegna tutti, quanti dall'inizio del mondo sono morti, per valutarne il merito e il demerito. Anch'io ho riso un tempo di ciò. Provengo dai vostri. Cristiani si diventa, non si nasce".[87]

1.2.5.3. Il capitolo 17

Il tema del capitolo, osserva Marmann, è la conoscenza naturale di Dio motivata nel primo paragrafo, in cui l'ordine della creazione è ridotto a Dio, riconoscibile come Creatore. Subito dopo Tertulliano, che rimane fermamente ancorato all'ambito della *naturalis cognitio Dei*, pone il vincolo: Dio è contemporaneamente conosciuto (non lo si può ignorare) e sconosciuto (nella sua grandezza e potenza). Egli, ovvero la Sua esistenza, è dimostrabile dal macrocosmo o dal microcosmo; quel che si dirà in seguito a proposito dell'anima, nel parere di Tertulliano, lo si può dire, *mutatis mutandis*, anche dalle "opere di Dio da cui siamo circondati".[88]

---

[87] «(c. 18) Damit wir desto vollständiger und nachdrücklicher zu ihm, zu seinen Anordnungen und seinem Willen den Zugang fänden, hat er das Hilfsmittel des geschriebenen Wortes hinzugefügt, fur den Fall, daß man in Betreff Gottes nachforschen, nachdem man nachgeforscht, ihn finden, nachdem man ihn gefunden, an ihn glauben, und nachdem man an ihn geglaubt, ihm dienen will. Denn von Anfang an hat er Männer, die um ihrer Gerechtigkeit und Tadellosigkeit willen würdig waren, Gott zu erkennen und ihn andern zu zeigen, mit dem göttlichen Geiste überströmt in die Welt gesandt, damit sie verkündeten, daß ein einziger Gott sei, welcher alles erschaffen, welcher den Menschen aus Erde gebildet hat – er ist nämlich der wahre Prometheus, welcher für den Lauf der Welt die Ordnung festgestellt hat in der bestimmten Einteilung und dem Ausgang der Zeitalter –, sodann, welche Zeichen seiner erhabenen Richterwürde er gegeben habe durch Wasserfluten und Feuerflammen, was er als sittliche Ordnung, wodurch man sich sein Wohlgefallen gewinnen könne, festgesetzt, was er als Vergeltung für deren Nichtachtung und Übertretung und für ihre Beobachtung vorher bestimmt habe. Denn er ist derjenige, welcher, nachdem die gegenwärtige Weltperiode verstrichen, richten wird, (:) seine Diener zur Belohnung des ewigen Lebens, die Gottlosen aber zum Feuer, das ebenso beständig und dauernd ist, nachdem alle von Anfang an Verstorbenen auferweckt, wieder hergestellt und zur vollen Ausgleichung des Verdienstes und Mißverdienstes klassifiziert worden sind. Diese Dinge haben ehedem auch wir verlacht. Wir sind aus eurer Mitte hervorgegangen; man wird Christ, aber man wird nicht als solcher geboren."» (*Ib.*, 77-78).

[88] «Thema ist die natürliche Gotteserkenntnis, die im ersten Passus mit der Reduktion der Schöpfungsordnung auf den als Schöpfer erkennbaren Gott begründet wird. – Es folgt sofort die Einschränkung (Tertullian bleibt konsequent im Bereich der *naturalis cognitio Dei*): Gott ist zugleich bekannt (nicht zu ignorieren) und unbekannt (in seiner Größe und Macht). – Er läßt sich, das heißt seine Existenz, erweisen entweder aus dem Makrokosmos oder aus dem Mikrokosmos; das heißt was im

1.2.5.3.1. Naturaliter

Per Marmann, a questo punto, inizia il contesto che è "corresponsabile" del nostro detto, e che quindi deve essere letto con attenzione. Come premessa dalla quale si insinua quasi inevitabilmente l'esclamazione della testimonianza dell'anima che è *naturaliter* cristiana, Tertulliano intraprende qualcosa che assomiglia ad un'analisi della condizione psicologica dell'uomo: l'anima è per sé, cioè solitamente, depravata (*institutionibus pravis*), e pertanto – così la tacita premessa dell'autore – incapace di spingersi fino alla vera conoscenza dell'esistenza di Dio. Solo dopo aver superato "ubriachezza", "sonno" e "malattia", quando cioè ha "ripreso possesso della sua condizione sana", dopo tale stato banale ma innaturale, l'anima in verità chiama Dio per nome. Secondo Marmann, qui si documenta, rispetta e interpreta nel senso della fede "cattolica" – non nel senso di un'antropologia teologica, ma pur sempre di una esperienza umana profonda sospinta dalla fede cristiana – il capovolgimento di ciò che è originale a causa del peccato (il risultato ne è la *natura adultera*). La *natura* vera, buona dell'uomo esiste – benché se ne possa avere coscienza solo attraverso l'essere guasto, caduto (come conseguenza del peccato) – e grazie ad essa l'uomo è aperto a Dio.[89]

Per Marmann, occorre riflettere in modo prudente, bisogna distinguere. In maniera molto precisa, Tertulliano identifica e rende nota la propria esperienza, ma non procede a spiegarla, né a motivarla: da dove viene l'insensatezza dell'uomo, ostacolo alla vera conoscenza? Che cosa lo renderebbe nuovamente libero? Egli indica l'effetto, ma pur non conoscendola la causa; egli indica l'esperienza della vera conoscenza di Dio, ma non la via per raggiungerla, parlando invece del sacrificio naturale

---

Folgenden von letzterem, der "Seele", gesagt ist, läßt sich nach des Autors Meinung *mutatis mutandis* auch von Gottes "Werken, von denen wir umgeben sind" sagen» (*Ib.*, 78).

[89] «Dann beginnt der nähere Kontext, der für unser Diktum "mitverantwortlich" ist und somit genau gelesen sein will. Tertullian unternimmt nämlich als Vorspann, aus dem sich dann organisch wie eine Konsequenz der Ausruf vom Zeugnis der Seele, die *naturaliter* Christin sei, aufdrängt, so etwas wie eine Analyse der Seelenverfassung des Menschen: die Seele ist an sich, das heißt gewöhnlich, depraviert (*institutionibus pravis*) und deswegen, setzt er stillschweigend voraus, unfähig, zur wahren Erkenntnis des Daseins Gottes vorzustoßen; denn nur, wen sie solchen "Rausch", "Schlaf", "Krankheit" hinter sich gelassen, das heißt wenn sie nach so zwar alltäglichem aber un–natürlichem Zustand "ihre natürliche Gesundheit wieder erlangt hat", nennt sie Gott in Wahrheit mit Namen. Hier wird – nicht im Sinne einer theologischen Anthropologie, aber doch einer tiefen, vom christlichen Glauben beflügelten, Mensch–Erfahrung – die Verkehrung des Ursprünglichen durch die Sünde (ihr Ergebnis: *natura adultera*) dokumentiert, respektiert und im "katholischen" Glaubenssinn interpretiert: es gibt die eigentliche, gute Natur des Menschen – wenn auch nur durch das faule, gefallene Sein (als Sündenfolge) hindurch erfahrbar –, worin der Mensch offen ist für Gott» (*Ib.*, 78).

come mero effetto (superamento della *concupiscentia*), esattamente come se fosse un peccato innato, una colpa intrinsecamente legata all'uomo. Secondo Marmann, non è possibile esprimere tale concetto nell'*Apologeticum* – dopotutto Tertulliano si rivolge ai pagani –, ma se si esaminasse la sua asserzione isolandola dal contesto, lontana dalla "sede della vita"? Eppure, ogni verità cristiana dipende da queste differenziazioni, altrimenti non risulterebbero comprensibili le frasi in cui *natura* e *gratia*, ovvero i loro complementi essenziali, sono messe in relazione per qualsiasi motivo e scopo, rientrando in tal modo nell'ambito applicativo dell'assioma. In tutte le epoche, opere e correnti intellettuali in cui la distinzione tra *natura* e *natura*, sia a livello dell'effetto sia a quello della causa non venga considerata molto attentamente falliscono non solo nel rivendicare la posizione di *natura* e *gratia* nel pensiero teologico in genere, ma anche e soprattutto per quanto riguarda il tipo di relazione presente tra di esse.[90]

1.2.5.3.2. Christiana

Per Marmann, arriviamo così al secondo punto che sembra discutibile. In *Apologeticum* 17 non si parla di *gratia*, ma di ciò che esiste solo in essa, ossia la persona cristiana. L'espressione *naturaliter christiana*, se considerata alla lettera, è doppiamente ambigua: *in primis*, perché si mescolano due livelli, quello del concreto e quello dell'essenziale; *in secundis*, perché l'elemento del religioso s'identifica con quello del cristiano.[91]

---

[90] «Es ist ein vorsichtiges, unterscheidendes Denken vonnöten. Tertullian diagnostiziert genau, spricht seine Erfahrung aus, aber er erklärt sie ebensowenig, wie er sie begründet: woher kommt die Verkehrtheit des Menschen, die wahre Erkenntnis verbaut? – wodurch wird er wieder frei? Er nennt die Wirkung aber nicht ihre Ursache (wie im selben Sinn in *De testimonio animae*), die er nichtsdestoweniger kennt; er nennt die Erfahrung der wahren Gotteserkenntnis, aber nicht den Weg dazu: das – natürliche – Opfer wird genauso nur als Effekt genannt (Überwindung der *concupiscentia*) wie eine – angeborene – zum Menschen gehörige Sünde und Schuld. Beides kann hier, im *Apologeticum*, nicht vorgebracht werden, Tertullian richtet sich ja an die Adresse der Heiden; wenn aber seine Aussage, aus dem "Sitz im Leben" und dem Text–Zusammenhang herausgelöst, isoliert betrachtet wird?! – Und doch hängt alle – christliche – Wahrheit an diesen Differenzierungen; ohne sie gibt es kein Verstehen von Sätzen, in denen Natur und Gnade, beziehungsweise ihre existenziellen Komplemente auf welche Weise, zu welchem Ziel, aus welchen Gründen auch immer zur Relation zusammengefügt werden und so unter den Bereich der Anwendung des Axioms fallen. In allen Epochen, Werken und Gedankengängen, in denen die Unterscheidung von Natur und Natur auf der Ebene der Wirkung wie auf der Ebene der Verursachung nicht sehr genau gewußt und mitbedacht ist, wird sowohl der Anspruch von *natura* und *gratia* im theologischen Denken überhaupt als auch vor allem die Weise ihrer Relation verfehlt» (*Ib.*, 78-79).

[91] «Damit ist schon der zweite Punkt anvisiert, der fragwürdig zu sein scheint: in *Apologeticum* 17 ist nicht von *gratia* gesprochen, aber doch von dem, was erst in ihr da ist: dem Christen. *Naturaliter*

1. Al "naturale" come lo intende Tertulliano corrisponderebbe un concetto fondamentale, mentre all'essenza di ciò che è umano riassunta nel termine di *natura* si assocerebbe ciò che è divino, che diventa efficace e reale nella creatura (e potrebbe essere chiamato *gratia*). Grazie al termine *naturaliter*, il *testimonium animae* è, per così dire, collocato al livello del metafisico, che è il suo luogo onnipresente e sempre possibile; tuttavia, l'anima apparentemente disposta al livello della vita quotidiana concreta è bollata come *christiana*. Per Marmann, questo ha un suo senso profondo: se questo termine è preso alla lettera e interpretato alla luce della sua vera realtà, allora il contenuto dell'affermazione è palesemente falso; è come se si dicesse che l'anima è per *natura* "battezzata", e cioè una parte di Cristo, il ché secondo Tertulliano rappresenta perfettamente il contenuto del termine *christianus*. Tutto ciò non è esplicitamente escluso, anche se qui si vuole solo definire colui che appartiene al gruppo dei cristiani.[92]

In fondo, osserva Marmann, l'intero discorso è talmente ovvio che le nostre capriole intellettuali sembrano fisime meccanicistiche fuori luogo. In base al linguaggio generale, infatti, si capisce ben presto ciò che Tertulliano voleva dire: nella sua *cognitio naturalis* l'anima è la stessa prima e dopo il battesimo, e la verità della sua conoscenza naturale è elemento essenziale del Cristianesimo. Ciò non è deducibile solo dal contesto, ma dal tacito aspetto che colora il *naturaliter cristiana*, e cioè il *testimonium*. La testimonianza che il cristiano battezzato presta sulle verità citate – esistenza, grandezza, bontà e giustizia di Dio – è la stessa di quella dei pagani "sani": è per questo che è *naturaliter christiana*.[93]

Christiana ist, wörtlich genommen, doppelt mißverständlich: Erstens: Es werden verschiedene Ebenen: die des Konkreten und die des Wesentlichen, miteinander verquickt. Zweitens: Das Element des Religiösen ist mit dem des Christlichen identifiziert» (*Ib.*, 79).

[92] «1. Dem *naturale*, gerade auch wie er Tertullian schon versteht, entspräche ein grundsätzlicher Begriff; – der Essenz des Menschlichen, wie sie in *natura* zusammengefaßt ist, das Göttliche, wie es im Geschöpf wirklich und wirksam sein kann (was *gratia* heißen könnte). Durch das *naturaliter* ist das *testimonium animae* sozusagen in der Ebene des Metaphysischen geortet: es ist ihre all–zeitige, immer–mögliche Kunde, – aber wozu sie gestempelt wird, ist Bezeichnung auf der Ebene des augenscheinlich–täglichen Lebens; sie ist Christin. Das hat seinen tiefen Sinn. Denn: Wird dieses Wort wörtlich genommen und auf seine eigentliche Realität hin interpretiert, wird es offensichtlich falsch; als könnte man etwa sagen: die *anima* sei von Natur aus "getauft", beziehungsweise "Glied Christi"..., was ja im Verstande Tertullians zweifellos Inhalt von *christianus* ist. Das alles ist nicht ausdrücklich ausgeschlossen, obgleich es sich hier einzig um die Benennung dessen dreht, der zur Gruppe der Christen gehört» (*Ib.*, 79).

[93] «An sich ist das so selbstverständlich, daß all unser Auseinandertüfteln wie unangebrachtes mechanistisches Getue anmutet. Nach gemeinverständlichem Sprachgebrauch ist denn auch schnell einsichtig, was Tertullian hier nur sagen wollte: die *anima* in ihrer *cognitio naturalis* ist sich gleich vor und nach der Taufe, und die Wahrheit ihrer natürlichen Erkenntnis ist dem Christentum wesentlich. Das ergibt sich nicht nur aus dem Kontext, sondern auch schon aus dem mitgesagten Aspekt, unter dem hier

Per quanto semplice e plausibile sia questa spiegazione, il fatto che sia stata così poco considerata sembra a Marmann essere il motivo per cui si è accesa una discussione interminabile a proposito del famoso detto di Tertulliano. Questa discussione ha indotto, ad esempio, Norbert Brox a intitolare il proprio saggio *Anima naturaliter non christiana*; del resto un titolo perfettamente consono al pensiero di Tertulliano.[94]

Qualora fosse intesa ad eliminare l'espressione originaria, tale modifica della formulazione porterebbe tuttavia a oscurare una profonda saggezza inerente a *"O testimonium animae naturaliter christianae"*, la quale si rivela essere un'applicazione puntuale dell'assioma *gratia praesupponit naturam.*[95]

Se prima il termine *christiana* era correlato a *naturaliter*, ciò ovviamente non era corretto, perché il soggetto è *anima*, un termine senza dubbio collocato e usato allo stesso livello del predicato. L'anima, l'uomo libero (libero da concupiscenza, avidità etc.) è "di per sé", "per *natura*", "per il suo carattere", quindi *naturaliter*, fatto in maniera tale che la sua testimonianza possa essere testimonianza di colui che diventa quel che è solo per la *gratia*. Secondo Marmann, nella frase quasi casuale di Tertulliano, è già presente la problematica *natura-gratia* in parte captata, in parte apparentemente evitata. *Natura*, questo termine astratto per "colui che è in carne e ossa", non esiste affatto, cioè *natura* non esiste *hic et nunc*, non è realtà concreta verificabile ad ogni momento; *natura pura* non è altro che quello che Henri de Lubac definisce con adeguata asprezza *vraiment un grand X qui ne répondrait à rien*. Ma esistono, osserva Marmann, come scopre Tertulliano, certe *testimonia* che sono del tutto naturali, che provengono, per così dire, da un essere che è percepito come generalmente umano, dunque presente anche nel pagano (il quale non può tuttavia per

von *naturaliter christiana* gesprochen ist: dem des *testimonium*. Das Zeugnis des getauften Christen, betreffend die angeführten Wahrheiten: Existenz, Größe, Güte und Gerechtigkeit Gottes, ist dasselbe wie das der "gesunden" Heiden: deswegen ist sie *naturaliter christiana*» (*Ib.*, 79).

94 «So einfach und einleuchtend diese Erläuterung auch ist, so scheint es mir doch an ihrer Nichtbeachtung zu liegen, daß über Tertullians Spruch eine bis heute nicht endende Diskussion entfacht ist, die zum Beispiel N. Brox dazu verführte, seinen Artikel über die Sentenz mit dem – natürlich völlig richtigen und Tertullian gemäßen – Titel *Anima naturaliter non christiana* zu überschreiben» (*Ib.*, 79-80).

95 «Jedoch durch solche Umformulierung wird, wollte man den ursprünglichen Ausdruck dadurch ausschalten, eine tiefe Weisheit verschüttet, die in *O testimonium animae naturaliter christianae* liegt, und die sich als eine pünktliche Anwendung des Axioms *gratia praesupponit naturam* entpuppt» (*Ib.*, 80).

questo essere chiamato "cristiano anonimo", benché ciò che nel cristiano ha la sua vera patria sia presente in modo "anonimo" nel pagano): *natura*.[96]

Dall'altro canto, *gratia* costituisce anch'essa un'entità che di per sé non può essere percepita, che da sempre si manifesta nell'umano; non esiste alcuna *gratia pura*. Ma esiste la realtà della *gratia tout court*, e cioè, ad esempio, quel che rende l'uomo cristiano. Secondo Marmann, in ogni caso, il termine *christianus* comprende, anche se tacitamente, pure la definizione "per *gratia*".[97]

Così come si può definire "esperienza" capire che non esistono né "*gratia* pura" né "*natura* pura", così esistono anche le esperienze che ai cristiani pervengono dalla *natura* comune a tutti gli uomini e che richiamano alla nuova esistenza in Cristo senza tuttavia contenerla neanche in nuce. Per Marmann, piuttosto, si potrebbe dire con Theodor Haecker, adducendo il suo paragone conciso, che in modo naturale nell'uomo esiste il greco, il romano, il russo, l'indiano (altrimenti come sarebbe da intendersi Schopenhauer?) perché l'uomo è concepito come spirito e lo spirito può, in un certo senso, diventare qualsiasi cosa. Esiste allo stesso modo naturale il cristiano nell'uomo? Certamente no. E non lo postula neanche la frase sull'*anima naturaliter christiana*. Il cristiano diventa tale in modo naturale solo per "avventismo".[98]

---

[96] «Wenn vorher das *christiana* dem *naturaliter* zugeordnet wurde, war das natürlich nicht korrekt. Denn das Subjekt ist *anima*, ein Wort, das durchaus auf derselben Ebene wie das Prädikat liegt und gebraucht wird. Die *anima*, der freie Mensch (= frei von Lust, Begierde etc.) ist "eigentlich", "von Natur aus", "vom Wesen her", also: *naturaliter* so, daß ihr Zeugnis Zeugnis dessen sein könnte, der nur durch Gnade wird, was er ist. – In dem wie zufälligen Satz des Tertullian ist die Natur–Gnade–Problematik teils eingefangen, teils scheinbar umgangen. *Natura*, dieses abstrakte Wesenswort für den, der "leibt und lebt", gibt es nicht, das heißt sie kommt nicht *hic et nunc* vor, ist keine jederzeit greifbare Realität; *natura pura* ist nichts anderes als, wie es H. de Lubac mit aller gebotenen Schärfe nennt, *vraiment... und grand X qui ne repondrait a rien*. Aber es gibt doch Äußerungen, sagen wir *testimonia*, die ganz natürlich sind, entdeckt Tertullian, die also – gewissermaßen in ihrer Verlängerung – von einem Sein herkommen, das als allgemein–menschlich, also auch im Heiden anwesend, erfahren wird (der deshalb noch lange nicht ein "anonymer Christ" genannt werden kann, obwohl "anonym" bei ihm zu Hause ist, was im Christen erst ganz seine Heimat hat, das heißt zu sich selber kommt, wie zum Beispiel die natürliche Gottes–erkenntnis): *natura*» (*Ib.*, 80).

[97] «Andererseits ist *gratia* auch eine in und an sich unerfahrbare Größe, die immer schon – *qua definitione*: in Gott gibt es keine Gnade! – im Menschlichen (und Allzumenschlichen) erscheint; es gibt keine *gratia pura*. Aber es gibt die Realität der Gnade überhaupt: als das nämlich, das den Menschen zum Beispiel zum Christen macht. In "christianus" ist die Bestimmung "aus Gnade" auf jeden Fall mitenthalten, nur nicht eigens artikuliert» (*Ib.*, 80).

[98] «Wie man es als Erfahrung bezeichnen kann, zu begreifen, daß es keine ("reine Gnade" und) "reine Natur" gibt, so gibt es auch die Erfahrungen, die dem Christen aus der allen Menschen gemeinsamen Natur zukommen und auf die neue Existenz in Christus verweisen, ohne sie schon, und sei es nur *in nuce*, auch zu enthalten. Eher könnte man es ausdrücken in diesem prägnanten Vergleich Theodor Haeckers: "Es gibt auf natürliche Weise im Menschen den Griechen, Römer, den Russen, den Inder (wie anders wäre Schopenhauer zu verstehen?) usw., denn der Mensch ist als Geist angelegt, und der Geist kann in

Secondo Marmann, in quell'esclamazione vivace di Tertulliano, si ha sentore di tale "avventismo" presente nella *natura* dell'*homo sapiens* come richiamo alla vera vita in Cristo; anzi, è presupposto della *natura* nella misura in cui è essenziale ad essa. E forse: non c'è fede cristiana senza la conoscenza naturale di Dio?[99]

2. Per Marmann, l'affermazione è equivoca anche perché per *testimonium*, in fondo, non si intende una testimonianza propriamente cristiana, ma generalmente religiosa. Pur essendo ovvio questo fatto, spesso non è visto e interpretato correttamente, per cui il campo applicativo dell'assioma non si limita alla sola filosofia generale, ma si concentra preferibilmente alla filosofia religiosa. Come in *De testimonio animae*, anche nell'*Apologeticum* la religiosità dell'uomo è considerata naturale: un fatto evidente, ma presto scartato dal momento che si dispone di una facile interpretazione dell'anonimo-cristiano, la quale non fa giustizia neanche a Tertulliano.[100]

1.2.5.4. Il capitolo 18

Secondo Marmann, il testo del capitolo seguente, che funge da contesto, conferma la correttezza dell'interpretazione appena illustrata. Qui, Tertulliano confronta la dicotomia pagani-cristiani non come precedentemente dalla posizione del naturale-umano, ma da quella dell'espressamente cristiano, dall'esperienza cioè di fede riconducibile all'agire salvifico di Dio. Nell'ambito delle delucidazioni sull'"unico Dio" che si comunica al mondo, alla Sua creazione, compare un'espressione il cui senso è già presente in Ireneo, e che può essere considerata come richiamo a quello dell'assioma: *De vestris sumus: fiunt, non nascuntur*

---

gewissem Sinne alles werden. Gibt es auf dieselbe natürliche Weise den Christen im Menschen? Sicherlich nicht. Und das ist auch nicht die Meinung des Satzes von der *anima naturaliter christiana*. Den Christen gibt es auf natürliche Weise nur "adventistisch"."» (*Ib.*, 80).

[99] «In Tertullians lebensvollem Ausruf schwingt dies Adventhafte in der Natur des *homo sapiens* als Verweis auf die Erfüllung in Christus; im Maße es für diese wesentlich ist, gehört es zu ihrer Voraussetzung. Und vielleicht: Gibt es ohne natürliches Gott–Erkennen keinen christlichen Glauben?» (*Ib.*, 80-81).

[100] «2. Die Aussage, das ist jetzt noch nachzutragen, ist mißverständlich auch deswegen, weil das *testimonium* strenggenommen nicht ein christliches, sondern ein allgemein religiöses ist. Auch das ist selbstverständlich; obwohl oft nicht richtig gesehen und gewertet (vgl. Jugendbewegung), daraus ergibt sich dann, daß ein bevorzugtes Feld der Anwendung des Axioms nicht nur Philosophie und Lebensweisheit überhaupt, sondern vornehmlich die Religionsphilosophie im besonderen ist. Wie in *De testimonio animae* ist auch in *Apologeticum* die Religiosität des Menschen als *naturale* gesehen, – eine Selbstverständlichkeit, die schnell übersehen werden mag, wenn man gleich eine zu "anonym"–christliche Interpretation zur Hand hat, die auch kaum Tertullian gerecht werden dürfte» (*Ib.*, 81).

Christiani. Per Marmann, si trova qui l'osservazione di cui sopra, in una nuova veste: di nascita si è pagani, a partire dal battesimo si è cristiani; i cristiani "diventano" tali attraverso la *gratia*, ma sono nati *de vestris*. Ora, osserva Marmann, si potrebbe dire che questa frase, annullando quella sulla testimonianza dell'anima, faccia concludere inevitabilmente che l'anima è per l'appunto *naturaliter non christiana*. Ma è dall'orizzonte dell'assioma e dalla distinzione in esso necessariamente inerente tra validità per principio e applicazione pratica che si spiega la compatibilità delle due affermazioni che si completano a vicenda. Del resto, sarebbe più indicato promuovere sempre una citazione completa del detto e non soltanto il tronco spesso frainteso; Tertulliano non intende qui semplicemente l'anima, ma l'anima come testimone: *O testimonium animae naturaliter christianae*.[101]

1.2.5.5. L'assioma: potere e miseria

All'inizio di questo *excursus*, osserva Marmann, si è detto che il testo qui esaminato del Dottore della Chiesa è atto a evidenziare "potere" e "miseria" dell'assioma *gratia praesupponit naturam*. Sul suo filo conduttore è possibile spiegare e motivare la coscienza che i cristiani hanno di sé rispetto all'essere uomini e al vivere come tali in genere. Inoltre, le esperienze e conoscenze vive (cristiane) rivelano la loro verità e profondità alla luce della fondamentale importanza dell'assioma.[102]

---

[101] «Wie sehr mit der gegebenen Interpretation der Gedanke des Autors getroffen ist, bestätigt der folgende Text des nächsten Kapitels, der als Kontext zu werten ist. Denn dort wird die Konfrontation Heiden – Christen nicht wie zuvor von der Seite des Natürlich–Menschlichen angegangen, sondern vom kennzeichnend Christlichen her, von der Glaubenserfahrung des Heilshandelns Gottes. Innerhalb der Ausführungen über den "einzigen Gott", der sich der Welt, seiner Schöpfung, mitteilt, erscheint eine Redewendung, deren Sinn schon bei Eirenaios auffiel und als Hinweis auf den des Axioms engesehen werden kann: *De vestris sumus: fiunt, non nascuntur Christiani*. Hier findet sich die bisherige Beobachtung in anderem Gewand: von Geburt: Heiden, – von Taufe: Christen; wodurch "werden" sie?: durch Gnade, aber sie sind geboren: *de vestris*. Aber unsachlich kann die Meinung gelten, nach der dieser Satz den vom Zeugnis der Seele aufhebe und zur uneigentlichen Rede stemple mit der triumphierenden Bemerkung, also sei die *anima* doch *naturaliter non christiana*. Aus dem Horizont des Axioms und der mit ihm notwendig gegebenen Unterscheidung prinzipieller Geltung und praktischer Anwendung erklärt sich die Vereinbarkeit beider Aussagen, die einander ergänzen. (Im Übrigen sollte man vielleicht eher dafür plädieren, (anstatt ursprüngliche Sätze in ihr Gegenteil zu verkehren) das ganze Diktum zu zitieren und nicht nur den sonst oft mißverstandenen Torso,: Tertullian sieht hier nicht die Seele schlechthin, sondern die Seele als Zeugin: *O testimonium animae naturaliter christianae!*)» (*Ib.*, 81).

[102] «Einleitend wurde behauptet, der hier zu untersuchende Text des Kirchenlehrers zeige Macht und Misere von *gratia praesupponit naturam*. Macht: am Leitfaden des Axioms läßt sich das christliche Selbstverständnis im Verhältnis zum Menschsein und –leben erläutern und begründen, wie andererseits die lebendigen (christlichen!) Erfahrungen und Erkenntnisse ihre Wahrheit und Tiefe angesichts der Grundsätzlichkeit des Axioms erkennen lassen» (*Ib.*, 81).

"Miseria": l'assioma non è semplicemente un'affermazione per constatare alcuni fatti concreti (altrimenti non sarebbe un assioma); piuttosto, esso deve essere applicato (l'applicazione non giustifica l'assioma, ma il suo significato). Si muove – *qua axiom* – nella dimensione di una realtà di sottofondo (che non è semplice astrazione), a tal punto da sembrare non meritare alcuna validità perché una tale realtà non esiste, non si trova e non si incontra in modo *realiter*, cioè concretamente percettibile all'interno del nostro ordine infralapsario.[103]

Per Marmann, più grave (e con conseguenze più gravi) si presenta l'altra miseria: valutare male la distinzione teologica (e filosofica) inerente all'assioma e prenderlo, per quanto riguarda il comportamento cristiano concreto, semplicemente alla lettera. I segni di ciò sono presenti già in Tertulliano: ai suoi occhi (e forse anche a quelli dei lettori suoi contemporanei), la sua argomentazione poteva anche sembrare efficace; oggi, tuttavia, nessuno prenderebbe l'esclamazione "O mio Dio" della casalinga sbigottita per una *cognitio Dei*, per una prova cioè dell'esistenza di Dio. Ma lo stesso vale nel caso in cui, quasi di riflesso, si dichiari *natura* ciò che si considera naturale; *natura* che poi dovrebbe presupporre la *gratia*. Secondo Marmann, il linguaggio di Tertulliano è già precursore di un tale procedimento, ed è ben comprensibile l'osservazione di Brox a proposito, quando afferma che dal contesto, sia nell'*Apologeticum*, sia in *De testimonio animae*, emerge chiaramente il luogo in cui si posiziona in realtà l'asserzione di Tertulliano, il quale proponendo la formulazione *anima naturaliter christiana* si spinge talmente in là che quasi non la si deve prendere alla lettera; infatti, si nota che Tertulliano non la ripete più in contesti simili.[104]

---

[103] «*Misere*: das Axiom ist nicht einfachhin eine Behauptung, die irgendwelche konkreten Gegebenheiten konstatiert (wäre es sonst "Axiom"?), sondern es muß "angewandt" werden. (Die Anwendung begründet nicht das Axiom, – jedoch seine Bedeutung.) Es bewegt sich – *qua Axiom* – so sehr in der Dimension hintergründiger Realität (die nicht schlechtweg eine Abstraktion ist), daß man ihm jeglichen Anspruch auf Gültigkeit abzusprechen geneigt ist, weil solche Realität in unserer infralapsarischen Ordnung *realiter*, das heißt konkret greifbar, nicht vorkommt, vorzufinden und anzutreffen sei» (*Ib.*, 82).

[104] «Schwerwiegender (und folgenschwerer) ist die andere Misere: wenn man die theologische (und philosophische) Distinktheit des Axioms verkennt und fürs konkrete christliche Verhalten schlicht wörtlich nimmt! Schon bei Tertullian finden sich Anzeichen dafür. Denn mag für ihn auch (und vielleicht auch für seine zeitgenössischen Leser) seine Argumentation durchschlagend gewesen sein, heute wird kaum einer das "Mein Gott!" der bestürzten Hausfrau etwa als *cognitio Dei*, als Gottesbeweis ansehen. Aber im Grunde das Gleiche ist es, wenn man allzu unreflektiert das, was man für das Natürliche hält, zur Natur selbst erklärt, die dann die Gnade voraussetzen müsse. Für solches Vorgehen ist schon Tertullians Sprechweise ein erstes Signal, sodaß die Bemerkung dazu verständlich ist: "Der Kontext im *Apologeticum* wie in *De testimonio animae* läßt deutlich erkennen, wo Tertullians eigentliche Aussage

liegt und daß die Formulierung von der *anima naturaliter christiana* sich soweit hinauswagt, daß sie fast nicht beim Wort genommen werden darf und auffälligerweise von Tertullian in gleichen Zusammenhängen nicht wiederholt wird."» (*Ib.*, 82).

Bibliografia usata dall'autore

I. Quellen

Aurelius Augustinus, Confessiones (J. Bernhart), München, 1966.
Bibliothek der Kirchenväter, München-Kempten, 1911 ff.
Bonaventura, Opera omnia, Florenz, 1882 ff.
Corpus Christianorum, Series latina, Turnholti, 1954.
Bde: 1+2: Tertulliani Opera, 1954.
Bde: 47 f Augustinus, De Civitate Dei, 1955.
Bde: 50 Augustinus, De Trinitate, 1958.
Irenäus von Lyon, Adversus haereses (W. Wigan Harvey) Cantabrigiae, 1965.
Migne, Patrologiae cursus completus, series graeca (MG).
Migne, Patrologiae cursus completus, series latina (ML).
Tertullian, De anima (J. H. Waszink), Amsterdam, 1947.
Thomas von Aquin, Summa Theologica, Paris, 1887 (S. th.).
Thomas von Aquin, Opera Omnia, Paris, 1874.
Thomas von Aquin, Summa contra Gentiles (ScG).
Thomas von Aquin, Quaestiones disputatae, Turin-Rom, 1949.
Thomas von Aquin, De Veritate (De Ver).

II. Artikel (Zeitschriften, Lexika, Sammelwerke)

K. Adam, Gesammelte Aufsätze, Augsburg, 1936.
Künftige Aufgaben der Theologie, hrsg. P. Burke, München, 1967.
Augustinus-Gespräch der Gegenwart, Darmstadt, 1962.
Bibellexikon, hrsg. H. Haag, Einsiedeln, 1968.
Divus Thomas – Jahrbuch für Philosophie und spekulative Theologie, Freiburg, 1923 ff.
Divus Thomas – 1954 ff: Freiburger Zeitschrift für Philosophie und Theologie.
Einsicht und Glaube, Festschrift Gottlieb Söhngen, hrsg. J. Ratzinger und H. Fries, München, 1962.
Gregorianum – rivista trimestrale di studi teologici e filosofici, Rom, 1920 ff.
Th. Haecker, Opuscula, München, 1949.

L'Homme et son destin d'après le penseurs du moyes âge – Actes du premier congrès international de philosophie médiévale. Löwen-Paris, 1960.
R. Guardini, Unterscheidung des Christlichen, Mainz, 1963.
E. von Ivànka, Platon Christianus, Übernahme und Umgestaltung des Platonismus durch die Väter, Einsiedeln, 1964.
Jahrbuch für Antike und Christentum, Münster, 1958 ff.
Kyriakon, Festschrift Johannes Quasten, Münster, 1971.
Der Mensch als Ebenbild Gottes, hrsg. L. Scheffzyck, Darmstadt, 1969.
Lexikon für Theologie und Kirche, 2. Auflage, Freiburg, 1957 ff.
Die Metaphysik des Mittelalters, Miscellanea Mediaevalia II, Berlin, 1963.
E. Przywara, Schriften II, Einsiedeln, 1962.
Philosophisches Wörterbuch, hrsg. W. Brugger, Freiburg, 1959.
K. Rahner, Schriften I ff, Einsiedeln-Zürich-Köln, 1957 ff.
H. Schlier, Die Zeit der Kirche, Freiburg, 1958.
H. Schlier, Besinnung auf das Neue Testament, Freiburg, 1964.
Scholastik, Viertel jahresschrift für Theologie und Philosophie, 1926 ff.
C. Söhngen, Die Einheit der Theologie, München, 1952.
Zeitschrift für katholische Theologie, Linz, 1877 ff.

III. Monographien

A. Adam, Lehrbuch der Dogmengeschichte, Gütersloh, 1965.
J. Auer, Die Entwicklung der Gnadenlehre in der Hochscholastik, I und II, Freiburg, 1942 und 1951.
J. Auer, Das Evangelium der Gnade, Regensburg, 1970.
A. Bengsch, "Heilsgeschichte und Heilswissenschaft" – Eine Untersuchung zur Struktur und Entfaltung des theologischen Denkens im Werk "Adversus Haereses" des hl. Irenäus von Lyon, Leipzig, 1957.
J. Bernhart, Nachwort – zu: Augustinus, Bekenntnisse, München, 1966.
J. M. Bochenski, Europäische Philosophie der Gegenwart, Bern, 1950.
N. Brox, Offenbarung, Gnosis und gnostischer Mythos bei Irenäus von Lyon, Salzburg, 1966.
J. Chené, La Théologie de Saint Augustin, Grace et Prédéstination, Lyon, 1961.
J. Danielou, Der Gott der Heiden, der Juden und der Christen, Mainz, 1957.

H. Denzinger, Enchiridion Symbolorum, Freiburg, 1958.
B. Gertz, Glaubenswelt als Analogie, Die theologische Analogie-Lehre Erich Przywaras und ihr Ort in der Auseinandersetzung um die analogia fidei, Düsseldorf, 1969.
E. Gilson, Der heilige Augustinus, Hellerau, 1930.
E. Gilson, Die Geschichte der christlichen Philosophie, Paderborn, 1937.
E. Gilson, Der Geist der mittelalterlichen Philosophie, Wien, 1950.
R. Guardini, Vom Sinn der Kirche, Mainz, 1922.
R. Guardini, Die Bekehrung des heiligen Aurelius Augustinus, Leipzig, 1935.
R. Guardini, Christliches Bewußtsein, Leipzig, 1935.
R. Guardini, Freiheit, Gnade, Schicksal, Mainz, 1948.
R. Guardini, Vom Leben des Glaubens, Mainz, 1940.
R. Guardini, Anfang, München, 1958.
R. Guardini, Vom Geist der Liturgie, Freiburg, 1922.
Th. Haecker, Was ist der Mensch, Hellerau, 1933.
E. Klebba, Die Anthropologie des heiligen Irenäus, Münster, 1894.
J. Langbehn, Der Geist des Ganzen, Freiburg, 1930.
H. de Lubac, Le Mystére du Surnaturel, Paris 1965.
H. de Lubac, Die Freiheit der Gnade, I und II, Einsiedeln, 1971.
W. Marcus, Analogia oikonomiae, Dissertation, München, 1951.
Dreißig Jahre Bund Neudeutschland, Manuskript, Köln, 1939.
St. Otto, "Natura" und "dispositio", München, 1960.
J. Pieper, Philosophia negativa, München, 1953.
J. Pieper, Scholastik, München, 1960.
J. Pieper, Hinführung zu Thomas von Aquin, München, 1963.
J. Pieper, Verteidigungsrede für die Philosophie, München, 1966.
J. Pieper, Über die Liebe, München, 1972.
E. Przywara, Augustinus, Die Gestalt als Gefüge, Leipzig, 1934.
E. Przywara, Analogia entis, Einsiedeln, 1962.
E. Przywara, Deus semper maior, Theologie der Exerzitien, Wien-München, 1964.
J. Ratzinger, Volk und Haus Gottes in Augustins Lehre von der Kirche, München, 1954.
J. Ratzinger, Die Geschichstheologie des heiligen Bonaventura, München-Zürich, 1959.

M. J. Scheeben, Natur und Gnade, Freiburg, 1941.
H. Schlier, Der Brief an die Epheser, Düsseldorf, 1963.
A. D. Sertillanges, Der heilige Thomas von Aquin, Hellerau, 1928.
L. Soukup, Natur und Gnade, Wien, 1948.
E. Stein, Des heiligen Thomas von Aquino Untersuchungen über die Wahrheit (übers.), Freiburg, 1955.
B. Stoeckle, Gratia supponit naturam, Geschichte und Analyse eines theologischen Axioms, Rom, 1962.
M. Widmann, Der Begriff οικονομια im Werk des Irenäus und seine Vorgeschichte, Dissertation, Tübingen, 1956.
J. N. Zender, Neudeutschland, Freiburg, 1949.

Printed by Books on Demand GmbH, Norderstedt / Germany